편저자 사카이 다츠오(坂井建雄)

도쿄대학 의학부 의학과를 졸업하고 독일 하이델베르크대학 연구원과 도쿄대학 의학부 조교수를 지낸 뒤, 지금은 준텐도대학 의학부(해부학·생체 구조과학) 교수로 있다. 주요 연구 분야는 인체해부학, 신장과 혈관, 해부학사 및 의학사다. 《재밌어서 밤새 읽는 인체 이야기》 《재밌어서 밤새 읽는 해부학 이야기》 《인체는 진화를 말해준다》 등 일반 서적부터 의학 전문 서적까지 폭넓게 집필하고 있다.

옮긴이 박유미

소통하는 글로 저자와 독자 사이의 편안한 징검다리가 되고 싶은 번역가. 영남대학교 식품영양학과를 졸업한 후 일본학을 공부하며 번역 에이전시 엔터스코리아 출판 기획가 및 일본어 전문 번역가로 활동하고 있다. 《패자의 생명사》 《잠입! 천재 과학자의 방》 《엉뚱하고 기발한 세계 동물 스포츠 대회》 《최강왕 놀라운 생물 대백과》 《최강왕 동물 배틀》 《늑대와 야생의 개》 등 다수의 책을 우리말로 옮겼다.

감수자 박경한

서울 휘문고를 졸업하고 서울대학교 의과 대학을 졸업하여 동 대학원에서 신경해부학 전공으로 의학 박사 학위를 받았다. 현재 강원대학교 의학전문대학원 교수로 재직하고 있다. 《스넬 임상신경해부학》 《Barr 인체신경해부학》 《무어 핵심임상해부학》 《새 의학용어》 《사람발생학》 《마티니 핵심해부생리학》 등의 전문 의학 서적과 《인체 완전판》 《인체 원리》 등의 교양 과학 서적을 번역했고, 청소년을 대상으로 한 《재밌어서 밤새 읽는 해부학 이야기》를 감수했다.

세상에서
가장 재미있는
초등 인체 탐험
1

DEKIRUKANA? JINTAI OMOSHIRO CHALLENGE supervised by Tatsuo Sakai
Copyright © 2020 Ehonnomori Co., Ltd.
All rights reserved.
Original Japanese edition published by Ehonnomori Co., Ltd.
Korean translation copyright © 2023 by The Forest Book Publishing Co.
This Korean edition published by arrangement with Ehonnomori Co., Ltd., Tokyo
through HonnoKizuna, Inc., Tokyo, and AMO AGENCY, KOREA.

이 책의 한국어판 저작권은 AMO 에이전시를 통해 저작권자와 독점 계약한 도서출판 더숲에 있습니다.
저작권법에 의해 한국 내에서 보호를 받는 저작물이므로 무단 전재와 무단 복제를 금합니다.

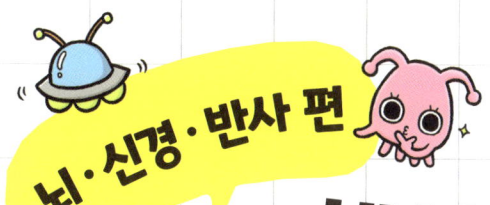

뇌·신경·반사 편

세상에서 가장 재미있는
초등 인체 탐험 ①

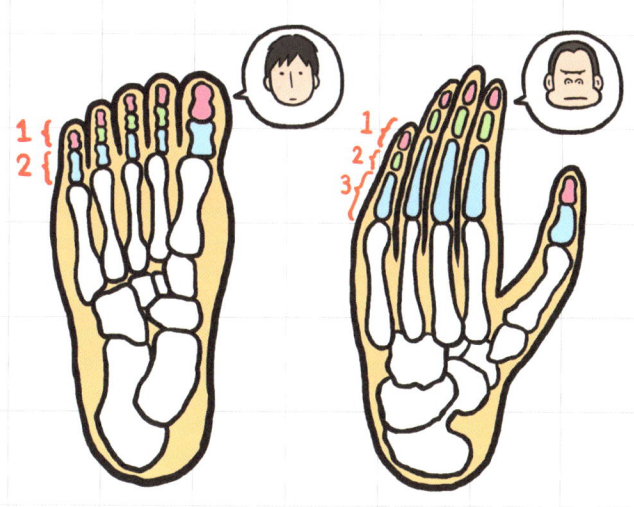

사카이 다츠오 편저
박유미 옮김 | 박경한 감수

감수의 글

여러분은 손가락을 하나씩 구부릴 수 있나요? 손을 사용하지 않고 귀만 움직일 수는요? 가족이나 친구들과 함께 모여 한번 시도해 보세요. 새끼발가락의 마디뼈가 두 개인지, 세 개인지 확인해 보는 것도 재밌습니다. 귓불의 크기와 모양이 어떻게 다른지도 살펴보고요. 몸에 대한 이러한 탐험들은 별거 아닌 일로 생각될 수 있지만 여기에는 비밀이 숨겨져 있습니다.

이 책은 우리 아이들이 우리 몸에 흥미를 갖도록 그림과 만화를 곁들여 신기하면서도 조금은 이해하기 힘든 인체의 미스터리를 풀어 주는 책입니다. 이 책에 나온 하기 어려운 동작부터 할 수 있을 것 같은데 해 보니 할 수 없는 동작까지 모두 의미가 있습니다. 이 동작들에는 진화와 인체에 관한 과학 이론이 녹아 있습니다. 이 동작들을 도전하다 보면 인체에 대해 잘 몰랐던 용어와 지식을 아주 쉽고 재밌게 배우고 이해할 수 있습니다. 초등학생은 물론, 성인도 신비한 우리 인체에 대해 알아 갈 수 있습니다.

아이들이 가끔은 학교 공부 외에 다양한 책을 읽고 놀면서 뛰다가 빈둥빈둥하기를 권합니다. 그리고 책을 읽을 때는 단순히 외우려고만 하지 말고 항상 호기심을 가지고 의문을 품고, 친구와 토론하며 실생활에 응용하는 연습을 하기를 권합니다. 그러면 언젠가는 한 분야의 실력자가 될 수 있습니다. 꼭 의사나 간호사가 되기 위해 이런 책을 읽는 건 아닙니다. 장차 무슨 공부를 하든, 어떤 직업을 갖든, 인간을 과학적이고 합리적으로 비판하면서도 사랑으로 이해하는 태도가 중요합니다. 이 책에서 강조하는 인간의 발달과 진화 과정을 꼭 기억하시기를 바랍니다.

시작하면서

《세상에서 가장 재미있는 초등 인체 탐험 1》에 오신 것을 환영합니다!
이 책에서는 실제 여러분의 몸을 이용해서
인체에 대한 여러 주제를 탐험합니다.

'이 정도야 쉽지!'라며 평소 의식하지 않고 하는 행동에서도
인체에 숨겨져 있는 놀라운 구조를 발견할 수 있습니다.

언뜻 보기에는 쉽게 할 수 있을 것 같은데
아무리 노력해도 도무지 할 수가 없는 이상한 행동도 있을 거예요.
(만약 잠깐의 노력으로 할 수 있었다면 정말 대단합니다! 모두에게 자랑하세요!)

1장에서는
몸과 손가락을 움직이거나 기억하거나 생각해 내는
많은 도전이 있습니다.
이 과정 속에서 몸을 움직이기 위한 뇌의 작용, 근육과 뼈의 구조 등을 알 수 있습니다.
이외에도 어떤 자극을 받으면 몸이 마음대로 움직이게 되는
'반사'에 대해서도 알아봅니다.

2장에서는
자신의 몸을 찬찬히 관찰하거나 친구나 가족과 비교해 봅니다.
인간의 몸은 모두 같은 구조로 보이지만,
사람에 따라 있을 수도 있고 없을 수도 있는 '희귀한 기관'도 존재합니다.
이는 인간의 '진화'와 관계되어 있어요.

3장에서는
우리 몸에서 일어나는 참기 어렵거나 난처한 일, 신기한 일, 조금 부끄러운 일 등
몸속에서 일어나는 '반응'에 대해 설명하겠습니다.

모든 탐험을 마치면 분명 당신은 인체 박사가 되어 있을 거예요.
어디든 마음에 드는 곳부터 시작해도 되니
궁금한 주제부터 신나게 도전해 보세요!

감수의 글　5
시작하면서　8

1장

도전해 볼까?

손가락을 하나씩 구부릴 수 있을까?　16

손을 사용하지 않고 귀만 움직일 수 있을까?　18

어제 저녁밥으로 뭘 먹었지?　20

시계를 보지 않고 맞혀 보자. 지금 몇 시일까?　22

10자리 숫자를 20초 만에 암기하기　26

자기 얼굴의 오른쪽 절반과 왼쪽 절반 비교하기　28

매실 장아찌나 레몬을 보면 왜 침이 고일까?　30

팔짱을 껴 보면 알 수 있어　32

코를 막고 밥을 먹어 보자　34

관절을 구부리면 왜 소리가 날까?　36

정말 인간이 대단한 생물인가?

2장

찾아보고 비교해 보자

다른 사람과 귀 모양 비교하기　42

발가락 마디뼈는 몇 개일까?　44

치아는 몇 개일까?　46

피부, 눈동자, 머리 색깔이 사람마다 다른 이유　48

혈액형이 궁금해　52

손가락 지문의 모양을 비교해 보자　54

얼마나 자랐는지 키를 비교해 보자　56

"이 행동들이 자율 신경 때문이라고?"

3장

왜 이렇게 되는 걸까?

빙수를 먹으면 머리가 띵한 느낌이 들어 62

뜨거운 라면을 먹으면 왜 콧물이 날까? 64

무섭다는 생각이 들면 피부에 소름이! 66

배가 고프면 꼬르륵 소리가 나! 68

가슴이 두근거리면 손에 땀이 나 70

버스를 타면 속이 거북해 74

모기에게 물리면 가려워! 76

책상에 팔꿈치가 부딪히면 찌릿찌릿해! 78

긴장하면 화장실에 가고 싶어 80

"왜 콧물이 나는 걸까?"

"어린이부터 어른까지 함께 해 봐요! 놀라워~!"

부록

이상하네! 할 수 있을 것 같은데 할 수 없는 동작 ①　24
이상하네! 할 수 있을 것 같은데 할 수 없는 동작 ②　38
술을 마시면 몸속에서 어떤 일이 일어날까?　51
인간에게 물고기 아가미의 흔적이 있다!　58
생명의 신비! 아기의 여러 가지 반사　72

참고 문헌　85

이 책을 즐기기 위해

이 책에는 하기 어렵거나 할 수 없는 동작도 있지요. 무리하지 않도록 조심하세요. 그리고 인체에 대한 설명과 연구에 대해서는 다양한 주장이 있답니다.

이 책을 사용하는 방법

도전할 내용
여러분이 도전해 볼 내용이에요.

인체에 대한 해설
과학의 관점에서 도전 내용과 사람 몸의 구조를 해설합니다.

손가락을 하나씩 구부릴 수 있을까?

손바닥을 펴서 한 개의 손가락만 구부렸다가 다시 펴 볼까요?
이때 다른 손가락은 움직이지 않아야 해요.
그럼, 이제 엄지손가락만, 집게손가락만…
하나씩 구부려 봅니다. 무엇이 다를까요?

다른 손가락도 덩달아 구부러지네!

먼저 엄지손가락 1개만 구부려 볼까요? 너무 쉽죠. 하지만 집게손가락에서 새끼손가락으로 갈수록 점점 구부리기 어렵다고 느낄 거예요. 손가락을 구부릴 때는 "손가락을 구부려"라는 뇌의 신호가 신경을 거쳐 근육을 수축시키고, 이 수축된 근육의 힘이 '힘줄'에 전달되면서 손가락을 구부릴 수 있게 되죠. 엄지손가락을 제외한 나머지 네 손가락은 힘줄이 서로 연결되어 있어요. 그래서 새끼손가락 하나만 움직이려고 해도 다른 손가락이 덩달아 움직이는 거예요. 엄지손가락을 구부리는 근육만 힘줄이 따로 형성되어 있어서 자유롭게 움직일 수 있어요. 나머지 네 손가락 중 특히 새끼손가락만 움직일 수 있는 사람은 거의 없어요. 그런데 신경은 훈련으로 단련될 수 있습니다. 연습하면 손가락을 하나씩 움직일 수 있어요. 따라서 피아노 연주자 등 악기를 연주하는 사람은 평소에 손가락을 많이 움직이니까 손가락을 하나씩 움직일 수도 있습니다.

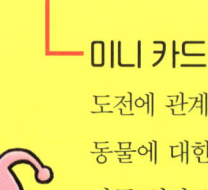

손으로 물건을 잡을 수 있는 건 손톱이 있기 때문이다

손가락에는 뼈가 끝까지 있지 않기 때문에 손톱이 없으면 물건을 잡을 때의 힘을 견딜 수 없어요. 단단한 손톱이 손끝을 받쳐 주어서 손가락 끝에 힘을 줄 수 있는 겁니다. 손가락 끝에는 신경이 많이 모여 있어 민감하고, 손톱은 손가락 끝을 보호하는 역할도 해요. 그리고 발톱은 우리 몸을 지탱해 주거나 걷는 데 필요한 힘을 주는 중요한 역할을 한답니다. 그래서 발톱이 없으면 걸을 수 없게 되지요.

설명 일러스트
도전해 볼 내용과 인체에 대해 일러스트로 설명합니다.

미니 카드
도전에 관계되는 인체나 동물에 대한 핵심 지식이 가득 실려 있어요.

1장

도전해 볼까?

인간은 참~ 이상한 생물이야!

그래도 인간의 기억력은 끝내주잖아!

손가락을 하나씩 구부릴 수 있을까?

손바닥을 펴서 한 개의 손가락만 구부렸다가 다시 펴 볼까요?
이때 다른 손가락은 움직이지 않아야 해요.
그럼, 이제 엄지손가락만, 집게손가락만…
하나씩 구부려 봅니다. 무엇이 다를까요?

다른 손가락도 덩달아 구부러지네!

먼저 엄지손가락 1개만 구부려 볼까요? 너무 쉽죠.
하지만 집게손가락에서 새끼손가락으로 갈수록 점점 구부리기
어렵다고 느낄 거예요. 손가락을 구부릴 때는 "손가락을 구부려"라는
뇌의 신호가 신경을 거쳐 근육을 수축시키고, 이 수축된 근육의 힘이
'힘줄'에 전달되면서 손가락을 구부릴 수 있게 되죠.
엄지손가락을 제외한 나머지 네 손가락은 힘줄이 서로 연결되어 있어요.
그래서 새끼손가락 하나만 움직이려고 해도 다른 손가락이 덩달아 움직이는 거예요.
엄지손가락을 구부리는 근육만 힘줄이 따로 형성되어 있어서 자유롭게 움직일 수 있어요.
나머지 네 손가락 중 특히 새끼손가락만 움직일 수 있는 사람은 거의 없어요.
그런데 신경은 훈련으로 단련될 수 있습니다.
연습하면 손가락을 하나씩 움직일 수 있어요. 따라서 피아노 연주자 등
악기를 연주하는 사람은 평소에 손가락을 많이 움직이니까
손가락을 하나씩 움직일 수도 있습니다.

손톱이 없으면 손가락 끝이 흐물흐물해지는 거야?

손으로 물건을 잡을 수 있는 건 손톱이 있기 때문이다

손가락에는 뼈가 끝까지 있지 않기 때문에 손톱이 없으면 물건을 잡을 때의 힘을 견딜 수 없어요. 단단한 손톱이 손끝을 받쳐 주어서 손가락 끝에 힘을 줄 수 있는 겁니다. 손가락 끝에는 신경이 많이 모여 있어 민감하고, 손톱은 손가락 끝을 보호하는 역할도 해요. 그리고 발톱은 우리 몸을 지탱해 주거나 걷는 데 필요한 힘을 주는 중요한 역할을 한답니다. 그래서 발톱이 없으면 걸을 수 없게 되지요.

손을 사용하지 않고 귀만 움직일 수 있을까?

가만히 귀에 신경을 집중시켜
귀만 움직일 수 있을까요?

개나 고양이의 귀는 잘 움직이는데 올빼미의 귀는 왜 움직이지 않지?

개나 고양이의 귓바퀴 근육은 10~14종류나 될 정도로 상당히 발달되어 있어요. 사냥감이나 외부 적이 내는 소리를 들을 때는 집중해서 귀를 쫑긋 세우죠. 반면에 귀를 양옆으로 납작하게 눕히는 경우도 있는데, 이는 두렵거나 불편한 상태에서 나오는 신체 언어로 튀어나온 귀가 외부의 적에게 물리지 않도록 하기 위한 방어 자세라고 해요.

작은 동물을 사냥하는 올빼미는 귓바퀴 근육이 없어서 귀를 움직일 수 없지만, 그 대신 목을 움직여서 방향을 확인하죠. 귀의 위치와 각도를 조정하여 멀리서 들려오는 소리를 듣는데, 좌우의 고막에 전달되는 소리의 근소한 시간 차이를 뇌가 분석해서 사냥감의 위치를 판단한다고 해요.

아하, 사냥감이나 적이 내는 소리를 빨리 알아채려고 귀가 발달한 거구나!

연습하면 귀를 움직일 수도 있어!

귀의 귓바퀴 근육(이개근)에는 외이개근이 3개, 내이개근이 6개 있어요. 외이개근은 귓바퀴의 위치와 외형의 각도를 결정하는 역할을, 내이개근은 귓바퀴의 모양을 유지해 주는 역할을 해요. 이개근은 근육의 끝이 피부와 연결되어 있기 때문에 귀를 움직일 수 있을 정도의 강한 힘을 주기 어려워요. 인간은 진화하면서 목 근육이 발달함에 따라 소리나는 방향으로 즉시 고개를 돌릴 수 있게 되었죠. 그래서 귀를 움직일 필요가 없어졌고 다른 포유류에 비해 귀가 작아져서 귓바퀴 근육, 즉 이개근이 쇠퇴했다는 주장이 있어요.

귀를 움직인다는 것은 귀 자체를 움직이는 것이 아니라 귀 주변 근육을 움직여서 이 근육에 이끌리게 된 귀를 움직인다는 의미입니다. 관자놀이에서 귀 뒤쪽 근육에 의식을 집중하는 것이 귀를 움직이는 요령이에요. 연습하지 않아도 할 수 있는 사람은 드물지만, 가끔 오른쪽 귀와 왼쪽 귀를 따로 움직일 수 있는 사람도 있다고 해요.

어제 저녁밥으로 뭘 먹었지?

어제저녁에 뭘 먹었는지 떠올리는 순간,
두 눈은 어디를 향할까요?

흠, 뭘 먹었더라?

생각하고 있으면 눈의 움직임이 변한다는 주장

눈의 움직임은 뇌의 작용과 관련이 있습니다.
생각할 때는 위쪽을 쳐다보는 사람이 많다고 해요.
그 이유는 기억을 떠올리거나 생각을 할 때 눈에 보이는 것이
쓸데없는 정보로 받아들여져서 방해되기 때문이죠.
사람이 받아들이는 정보의 약 80퍼센트는 눈과 귀 등 감각 기관 5곳 중
눈으로 들어오는 것이라고 합니다. 그래서 위쪽을 쳐다보면서
눈으로 들어오는 정보량을 줄여 생각에 집중하려고 하는 거예요.
아래쪽을 내려다보거나 아예 눈을 감는 사람도 있지만 위쪽을 보는 사람이 더 많아요.
심리학에서는 과거를 떠올릴 때는 왼쪽 위, 미래를 상상할 때는
오른쪽 위를 본다는 이야기가 있어요. 그럼 어제는 과거니까 어제 저녁 뭘 먹었는지
생각할 때는 왼쪽 위를 볼 텐데 과연 기억이 날까요?

엘리베이터에서 눈을 감고 있었더니 몇 층인지 모르겠네.

붐비는 전철이나 엘리베이터 안에서 모두 같은 방향을 보고 있는 이유

만원 전철이나 엘리베이터 안에서는 위쪽을 쳐다보는 사람이 많습니다. 전철의 광고 표시판, 엘리베이터의 층수 표시등 같은 것을 무의식적으로 쳐다보는 모습을 볼 수 있지요.

이는 '개체 공간(personal space)'과 관계가 있어요. 개체 공간은 불편함을 느끼지 않을 정도의 타인과의 거리나 영역을 뜻하는데, 남성은 앞뒤로 긴 타원, 여성은 원에 가까운 형태를 하고 있다고 말하곤 합니다.

사람들은 대부분 다른 사람이 가까이 있어서 답답하게 느껴질 때는 위쪽을 쳐다보면서 불쾌감을 가라앉히며 참는다고 해요.

시계를 보지 않고 맞혀 보자.
지금 몇 시일까?

시계를 보지 말고 느낌으로
지금이 몇 시인지 답해 보세요.

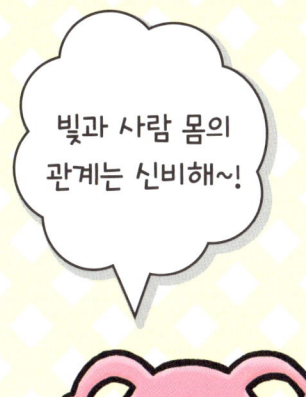

빛과 사람 몸의 관계는 신비해~!

밤에 켜 놓은 인공조명은 몸에 해로워! 잘 때는 방을 어둡게 한다

밤에 잠잘 때 방을 어둡게 하지 않고 밝게 해 두면 몸에 좋지 않다고 해요. 밤이 되어 어두워지면 뇌에서 '멜라토닌'이라는 호르몬이 만들어지는데 이것이 사람의 수면과 각성 리듬을 조절해 줍니다.

밤에 전등이나 스마트폰, 컴퓨터, 텔레비전 등의 인공적인 빛을 받고 있으면 멜라토닌의 양이 줄어들어 밤이 되어도 잠잘 생각이 안 나거나 얕은 잠이 들 위험이 있어요. 따라서 밤에 잠들기 전에는 밝은 것을 보지 않는 게 좋아요.

우리 몸속에 '시계'가 있다

'낮 12시에 밥을 먹었으니까
지금은 대략 오후 3시쯤일 거야'라는 식으로
배가 고파지는 정도로 시간을 짐작하는 사람이 있을 거예요.
이것을 '배꼽시계'라고 해요.
사람의 몸에는 '체내 시계'가 있어서 아침에 해가 뜨면 잠이 깨고,
어두운 밤이 되면 졸음이 와서 잠을 자는 주기가 만들어져 있어요.
이 체내 시계가 작동하는 데 중요한 역할을 하는 것이 뇌에 있는
쌀알 크기의 '시각 교차 상핵'입니다.
하루의 생활 리듬에 맞추어 몸속에서는 다양한 화학 물질이 나옵니다.
잠에서 깨거나 졸린 것은 각종 호르몬이 작용하기 때문이에요.
하루는 24시간이지만 사람의 체내 시계는 25시간 주기라는 의견이 있습니다.
하루에 1시간씩 늦추어지는데 아침에 햇볕을 쬐면
체내 시계가 원래대로 다시 시작된다고 해요.

> 이상하네!

할 수 있을 것 같은데 할 수 없는 동작 ①

'이런 건 쉽게 할 수 있어!'라고 생각해도 실제로 하기는 어려워요.

해 보면 놀라워! 어렵다고!

몸의 한쪽 면을 벽에 붙이면 반대쪽 다리를 올릴 수 없다

올릴 수 없다 ✕

눈은 좌우 따로 움직일 수 없다

인간은 이게 안 되나 봐.

우리는 쉽게 할 수 있는데.

뱅글 뱅글

오른쪽 눈은 오른쪽, 왼쪽 눈은 왼쪽… 이런 식으로 눈을 좌우 각각의 방향으로 움직일 수는 없어요. 인간의 눈은 보는 대상물에 초점을 맞추기 때문이죠. 눈이 좌우 각각 움직인다고 해도 초점이 맞지 않기 때문에 선명하게 보이지는 않아요.

서 있는 상태에서는 한쪽 다리를 올릴 수 있어요. 하지만 몸의 한쪽 면(오른쪽과 왼쪽 중 어느 쪽이어도 상관없음)을 벽에 딱 붙이고 서 봅니다. 이때는 벽에 붙이지 않은 쪽의 다리를 올릴 수가 없어요.

팔꿈치와 턱은 붙일 수 없다

어깨에서 팔꿈치까지는 길이로 보면 팔꿈치를 턱에 붙일 수 있을 것 같은데 붙지 않습니다. 드물지만 아직 팔이 짧고 어깨 관절이 부드러운 어린이들은 할 수 있는 경우가 있다고 해요.

앉은 상태에서 미간이 눌리면 일어서지 못한다

의자에 앉은 채 다른 사람이 손가락 하나로 미간을 누르면 일어서려고 해도 일어서지 못해요. 의자에서 일어설 때는 몸을 앞으로 구부리면서 다리에 체중을 싣는데 머리가 눌리면 움직일 수가 없어요.

손가락 하나로 인간을 움직일 수 없게 하다니 대단하네!

10자리 숫자를 20초 만에 암기하기

다른 사람에게 좋아하는 숫자 10자리를 종이에 적어 달라고 해서
그 숫자를 20초 만에 암기해 보세요. 몇 자리까지 기억할 수 있을까요?

숫자를 기억하는 요령

사람의 기억에는 짧은 기간만 기억하는 '단기 기억'과,
오랜 기간 기억하는 '장기 기억' 2종류가 있어요. 지금 숫자를 외우면
단기 기억으로 뇌의 '해마'라는 곳에 기록되는데 금방 잊어버리는 사람이 많아요.
단기 기억은 몇 초에서 며칠 사이에 잊어버리는 기억이거든요.
한편 장기 기억은 뇌의 '대뇌 피질'에 저장됩니다.
해마에서 일시적으로 기억한 것을 여러 번 반복해서 떠올리면
단기 기억이 장기 기억으로 넘어가죠.
사람이 순간적으로 기억할 수 있는 한계 숫자를 '매직 넘버'라고 하는데,
이 숫자가 4개 전후 혹은 7개 전후라는 의견이 있어요.
숫자 10자리를 모두 기억하기는 힘들지만 쉽게 기억할 수 있는 방법이 있죠.
숫자를 3~5개씩 나누어서 기억하면 됩니다.
전화번호나 우편 번호처럼 나누면 기억하기 쉬워요.

배가 고프면 기억력이 쑥 올라가는 거야!?

'그렐린'으로 기억력 높이기!
배가 고프면 머리가 맑아질까?

생물은 위기가 닥치면 기억력이 좋아진다고 해요. 생명의 위험을 느낄 때 적이 있는 곳이나 먹이가 있는 장소 등을 기억해 두지 않으면 살아남을 수 없기 때문이에요.

이런 기능이 사람의 뇌에도 갖추어져 있어요. 배가 고프면 식욕 촉진제인 '그렐린(gherlin)'이라는 화학 물질이 위에서 나오는데, 이 호르몬은 뇌의 기억을 담당하는 해마와 신경 세포 간의 연결을 변화시켜 기억력이 좋아진다는 실험 결과가 있습니다. 참고로 그렐린은 혈관을 통해 뇌로 전달되는데, 이로 인해 식욕이 돋게 됩니다.

자기 얼굴의 오른쪽 절반과 왼쪽 절반 비교하기

자신의 얼굴을 볼 때는 항상 전체를 보게 되지만
오른쪽 절반과 왼쪽 절반을 각각 가리고 살펴볼까요?

얼굴 왼쪽은 부드러운 인상인데, 오른쪽은 차가워 보여

얼굴의 절반을 가리고 비교해 보면,
자신의 얼굴을 보고 있는데도 인상이 많이 달라 보이죠.
눈의 크기나 입 모양, 윤곽의 형태 등 좌우가 정확히 대칭인 사람은 별로 없습니다.
얼굴의 왼쪽은 우뇌가, 오른쪽은 좌뇌가 각각 통제하고 있기 때문이죠.
우뇌는 영상이나 소리, 공간의 넓이 등 감각을 포착하거나 감정을 담당합니다.
그리고 좌뇌는 말을 하거나 계산할 때 사용되죠. 우뇌는 몸의 왼쪽, 좌뇌는
몸의 오른쪽에서 들어오는 정보를 처리하거나 통제합니다.
그래서 우뇌의 영향을 받는 얼굴의 왼쪽은 부드럽고 표정이 풍부한데,
반대로 얼굴의 오른쪽은 좌뇌의 영향으로 지적이면서
차가운 인상이 된다고 해요.

돌고래나 침팬지의 뇌에도 주름이 있다고 해!

뇌의 '주름'을 펴면 신문지 한 장 크기!

뇌의 표면은 대뇌 피질로 덮여 있어서 사물을 생각하거나 말을 할 때 사용됩니다.

뇌의 모형이나 그림을 보면 뇌는 주름진 형태로 되어 있습니다. 한정된 용적 안에서 표면적을 넓혀 보다 많은 신경 세포를 만들어내기 위해 대뇌 피질에 많은 주름이 있는 거예요.

대뇌 피질의 두께는 약 1.5~4mm입니다. 신경 세포는 약 140억 개인데 주름을 펼쳐서 보면 대뇌 피질의 전체 넓이가 거의 신문지 한 장 크기예요.

매실 장아찌나 레몬을 보면 왜 침이 고일까?

매실 장아찌나 레몬 등
신맛이 나는 것을 쳐다봅니다.

멍~

줄 줄…

먹은 적 없다

먹은 적 있다

벨 소리만 들어도 침을 흘리는 '파블로프의 개' 실험

조건 반사는 러시아의 생리학자 이반 파블로프 실험이 유명합니다. 개에게 벨 소리를 들려준 후 먹이를 주는 행위를 반복하는 실험이에요. 그 결과 개는 벨 소리만 들어도 침을 흘리게 되죠. 반복을 통해 조건 반사가 일어나는 것은, 자극에 대한 타고난 본능적인 반응인 '먹이를 먹을 때 침을 흘린다'라는 무조건 반사에, 반복적으로 학습한 '벨이 울리면 먹이를 먹을 수 있다'라는 조건이 결합되었기 때문입니다.

벨이 울리면 먹이가…. 연상 게임 같은 거네!

어라? 입안에 순식간에~

매실 장아찌 사진을 가만히 쳐다보고 있으면 입안에 서서히 침이 고입니다.
신맛이 나는 매실 장아찌를 먹었을 때
침을 많이 흘린 적이 있기 때문에 일어나는 반응이에요.
이처럼 어떤 경험을 통해 몸이 학습을 했기에
일어나는 반응을 '조건 반사'라고 해요.
또 신맛이 나는 음식을 먹었을 때 침이 많이 나오는 것은
자극에 대한 본능적인 반응인 '무조건 반사'예요.
요즘에는 신맛이 나면서 맛있는 음식이 많이 있지만
옛날에는 신맛이 나는 것은 상했거나 독이 있는 음식이었어요.
그래서 신맛이 나는 음식이 입안에 들어가면 그 독성을 희석하거나
흘려보내기 위해 많은 침이 나온다고 해요.
참고로 매실 장아찌를 먹어 본 적이 없는 사람은
매실 장아찌를 보기만 해서는 침이 나오지 않지요.

팔짱을 껴 보면 알 수 있어

자, 팔짱을 껴 볼까요?
오른팔과 왼팔 중 어느 쪽을 위로 올렸는지 확인해 보세요.

좌뇌 타입

우뇌 타입

팔짱을 끼면 알 수 있는 뇌의 유형

사람은 무의식적으로 우뇌나 좌뇌 중 하나를 자주 사용하는 버릇이 있다고 해요.
팔짱을 낄 때 오른팔이 위로 오는 사람은 '좌뇌 타입'으로,
문장 읽고 쓰기와 계산 등 논리적인 작업을 잘한다고 해요.
왼팔을 위로 올리는 사람은 '우뇌 타입'으로,
그림을 그리거나 음악을 듣거나 하는 감각적인 작업을 잘하죠.
좌뇌 타입은 논리적이고, 우뇌 타입은 감각적인 경향이 있어요.
사람은 좌뇌를 많이 사용하는 경향이 있으므로 '우뇌 트레이닝'을 하는 것이 좋다고 해요.
예를 들면 왼손으로 글자를 쓰거나 음악을 듣거나 하는 것이죠.
하지만 예술적인 감각이나 공간 인식 능력은 타고난 재능과 관계가 있고,
우뇌와 좌뇌는 '뇌들보(뇌량)'라는 신경 섬유 집단을 통해 정보를 실시간으로
교환하기 때문에 훈련의 효과라는 주장은 과학적인 근거가 없다는 의견도 있어요.

뇌 안에서 작동하려면 시간이 걸리는구나.

'버럭' 하기 전에 3~5초 참기, 분노가 폭발하려고 할 때는 심호흡하기

짜증이 나는 일은 누구에게나 있지요. 이렇게 화날 때 분노의 마음은 뇌의 '대뇌변연계' 부분에서 만들어집니다.

이 분노를 가라앉히는 것은 뇌의 전두엽 담당이죠. 하지만 전두엽은 갑자기 터져 나온 분노에는 즉각적으로 반응하지 못해요. 전두엽이 작동할 때까지 3~5초가 걸린다고 하니 버럭 화가 날 때는 심호흡을 하면서 이 시간을 참아야 합니다. 잠깐만 견디면 전두엽이 작동해서 마음을 진정시켜 줄 수 있기 때문이죠.

코를 막고 밥을 먹어 보자

밥이나 과자를 먹을 때 코를 막아 보세요.
코를 막지 않았을 때와 비교해서 맛이 달라질까요?

오도독

오물

오물

맵다고 느끼는 매운맛은 미각이 아니라 통각 수용기에서 통증으로 인식한다고 해.

맛에 둔감한 어른, 미각이 가장 민감한 중학생

어린이들이 쓴맛이나 신맛을 맛있다고 느끼지 못하고 단맛을 좋아하는 것은 어른에 비해 맛을 느끼는 감각 세포인 맛봉오리의 수가 많기 때문이에요. 어린이들은 많은 수의 맛봉오리를 가지고 있는데, 어른이 되면 그 수가 줄어들죠. 어른이 쓴 커피를 마시는 것은 어린이보다 혀가 둔감해졌기 때문입니다. 미각이 가장 민감한 것은 중학생 시기라고 해요.

4명 중 1명꼴로 '초미각자(슈퍼 테이스터)'가 있어요. 선천적으로 맛봉오리의 수가 많아 맛에 굉장히 민감한 사람을 말합니다.

맛을 느끼는 데 중요한 것은 냄새

코를 막고 먹으면 평소의 맛과 다르게 느껴지거나 맛을 느끼지 못합니다. 그 이유는 맛을 구분하는 것은 냄새와 깊은 관계가 있기 때문이에요. 인간은 음식을 입에 넣기 전에 먼저 냄새로 안전한지를 확인합니다. 그래서 맛을 느낄 때 냄새는 굉장히 중요하고 냄새 감각을 잃으면 맛을 느끼는 데도 영향을 받게 되죠. 혀의 표면에는 작은 좁쌀 모양의 돌기가 나 있습니다. '혀 유두'라고 하는데 여기에 맛의 수신기인 '맛봉오리(미뢰)'가 있어요. 이 맛봉오리는 5,000~1만 개가 있는데, 그 끝의 '미공(맛 구멍)'에 음식물의 성분이 들어가면 미각 세포가 자극을 받아 맛을 뇌에 전달합니다. 인간이 인식할 수 있는 기본적인 맛으로는 짭짤한 '짠맛', 새콤한 '신맛', 달콤한 '단맛', 쓴쓸한 '쓴맛', 맛있는 '감칠맛'이 있습니다.

관절을 구부리면 왜 소리가 날까?

손가락 관절을 구부리면 왜 우두둑 소리가 날까요?

뼈에서 소리가 나도록 구부리면 관절에 나쁠까

손가락 관절이 우두둑우두둑 소리를 내는 경우가 있어요.
손가락이 아닌 관절에서도 소리가 나는 사람이 있죠.
소리의 정체는 관절 안에서 발생한 기포가 터지는 소리예요.
뼈와 뼈 사이에는 아주 작은 틈이 있는데 이곳은 주머니 모양의 '관절포'로 싸여 있어요.
이 틈에 들어 있는 '활액'은 관절을 움직이기 위한 윤활유 역할을 합니다.
관절을 구부렸다 폈다 하면 뼈와 뼈 사이의 틈이 벌어져서 활액 안에 기포가 생기므로,
기포가 터지면서 우두둑하는 파열음이 납니다. 기포가 한번 터지고 나면
20분 정도 지나야 다시 만들어지기 때문에 곧바로 연속해서
소리가 나지는 않습니다. 관절을 계속해서 소리 나게 하면
관절이 굵어진다거나 관절에 상처가 난다는 의견이 있지만
아직 증명된 것은 없어요.

쪼그리고 앉을 때 무릎 관절에서 소리가 나는 어린이도 있어.

뼈는 늘어날까 줄어들까? 어린이와 어른 중 어느 쪽이 뼈의 수가 많을까?

전신의 뼈 숫자는 어린이와 어른 중 어느 쪽이 많을까요?
어린이가 약 300개, 어른이 약 200개로 어린이의 뼈가 더 많습니다. 어른이 몸집이 더 커서 뼈의 수가 많을 것 같지만, 실제로는 어린이에서 어른으로 성장하면서 뼈와 뼈가 붙어서 숫자가 줄어듭니다.
예를 들면 아기 이마의 뼈는 좌우로 나뉘어 있는데 성장하면서 차츰 달라붙어 하나가 됩니다. 이런 식으로 여러 곳의 뼈가 붙게 되는데 마지막으로 남자는 18세 전후, 여자는 15세 전후가 되면 뼈가 200개 정도 됩니다.

이상하네!

할 수 있을 것 같은데 할 수 없는 동작 ②

〈할 수 있을 것 같은데 할 수 없는 동작 ①〉
(p.24~25쪽)도 도전해 보자!

이마와 발끝을 벽에 붙이고 서면 발돋움을 할 수 없다

발돋움을 할 수가 없어.

중심을 이동시켜야 하는데 벽이 방해가 되어서 할 수가 없구나.

벽을 향해 서서 이마와 발끝을 벽에 붙여 봅니다. 이 상태로는 발돋움을 하려고 해도 할 수가 없어요. 발돋움할 때는 몸의 중심이 앞으로 이동하는데, 벽에 붙어 있으면 이동할 수가 없어요. 발뒤꿈치를 잠깐 올리는 것은 가능할 수도 있겠죠.

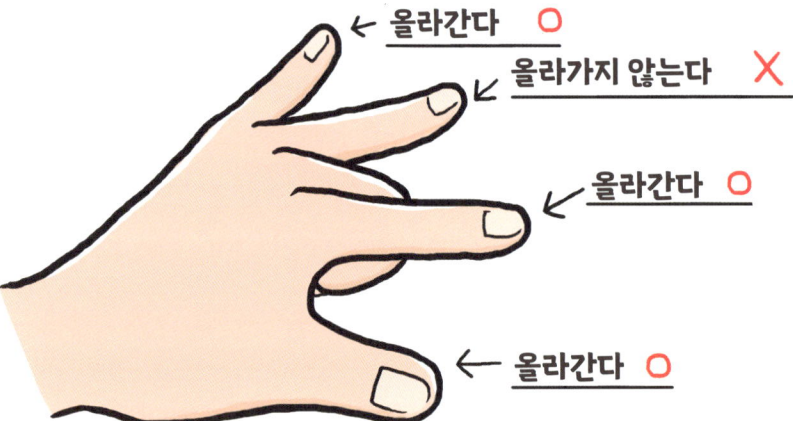

올라간다 ○
올라가지 않는다 ✗
올라간다 ○
올라간다 ○

약손가락만 따로 움직일 수는 없다

책상 위에 손바닥을 붙이고 가운뎃손가락만 굽히고 나서 엄지손가락만 들어 올립니다. 다음은 집게손가락만 들어 올리세요. 하지만 약손가락은 들지 못할 거예요. 새끼손가락은 움직일 수 있지요.

2장

찾아보고 비교해 보자

자, 인간에 대한 데이터를 가져왔어!

우리랑 다른 점이 많구나.

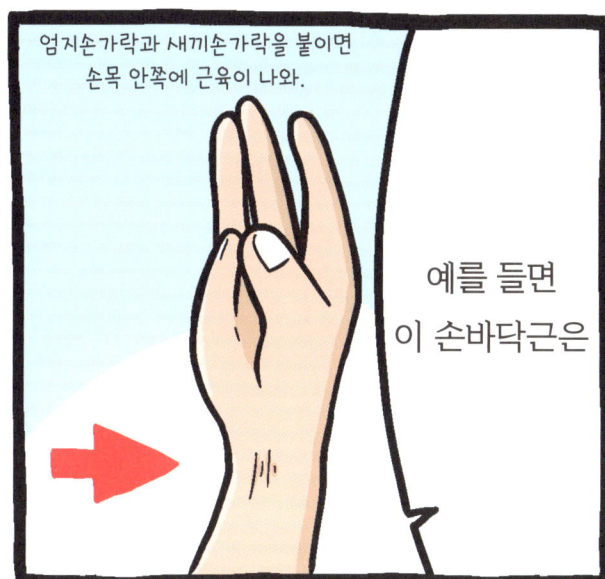

다른 사람과 귀 모양 비교하기

친구나 가족과 자신의 귀 모양을 비교해 보세요.
사람마다 '어떤 부분'이 있기도 하고 없기도 해요.

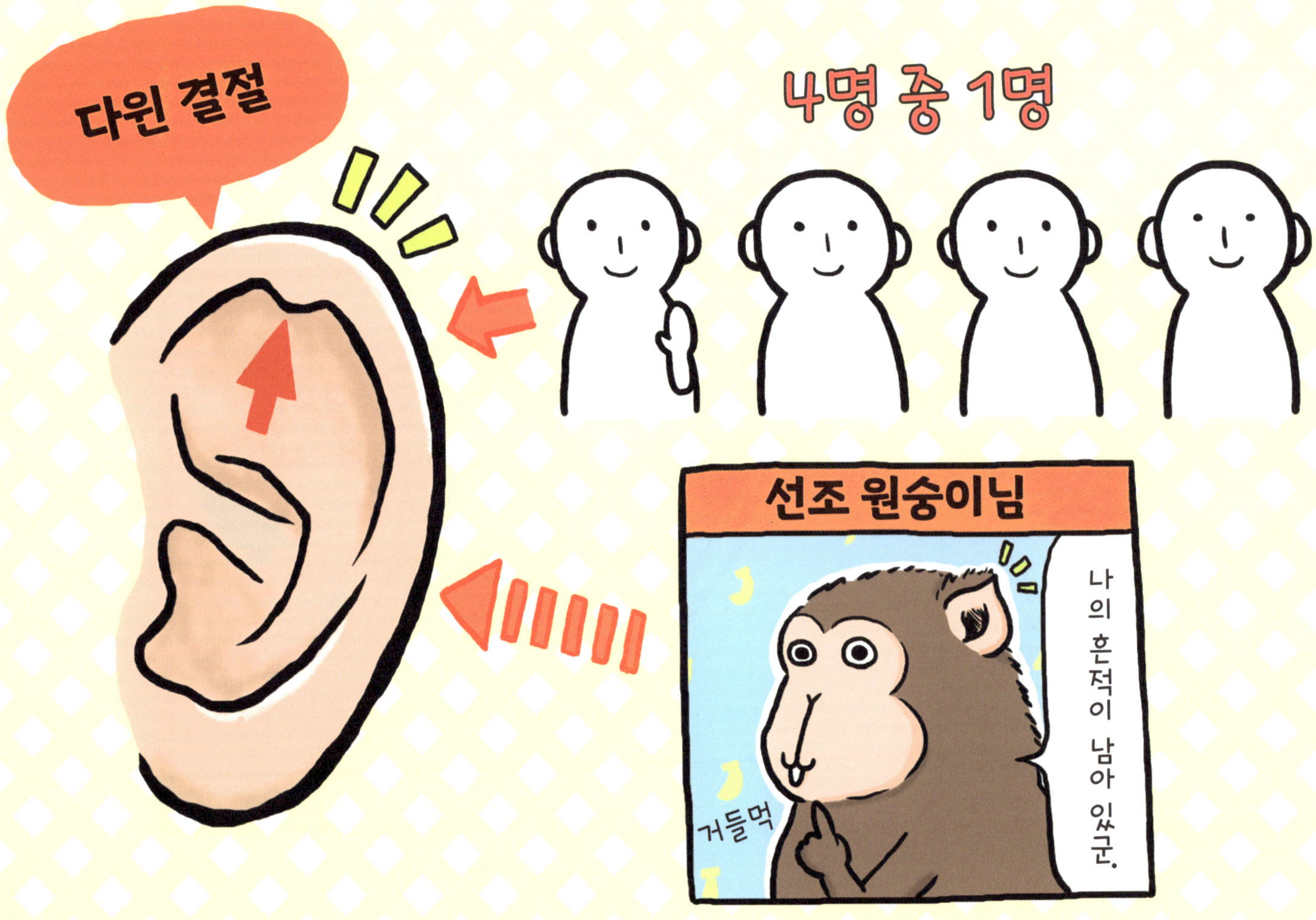

다윈 결절

4명 중 1명

선조 원숭이님

거들먹

나의 흔적이 남아 있군.

잘 봐야 알 수 있다고?

귀는 사람마다 크기와 귓불 모양이 다릅니다.
그래서 범죄 수사에서는 변장한 범인을 찾기 위해 귀 모양을 대조해 보기도 하죠.
동물의 머리에서 튀어나온 부분을 '겉귀'라고 해요.
인간의 겉귀 가장자리에는 구불구불한 주름이 있고, 가장자리가 안쪽으로
말려 들어간 형태로 되어 있는데요. 이 가장자리를 '귓바퀴'라고 하고,
귓바퀴 위쪽 가장자리에 약간 튀어나온 부분을 '다윈 결절(Darwin's tubercle)'이라고 해요.
이것은 인류가 진화했다는 흔적으로, 대략 4명 중 1명꼴이므로 없는 사람이 더 많습니다.
뾰족한 귀를 가진 개나 고양이 등 포유류는 소리에 민감해요.
인간은 언어를 사용하게 되면서 다른 원숭이류보다 소리를
안정적으로 들을 수 있게 되었기 때문에
귀 모양이 퇴화해서 둥글게 된 거예요.

소리를 듣기 위한 '뼈'가 있구나!

몸에서 가장 큰 뼈는 넓적다리에, 가장 작은 뼈는 귓속에

사람의 몸에서 가장 큰 뼈는 '넓적다리' 부분의 '대퇴골'로, 무릎과 골반 사이의 뼈입니다. 길이는 사람마다 다르지만 보통 자기 키의 4분의 1 정도예요.

가장 작은 뼈는 귀에 있어요. '등자뼈'라고 하는데 길이는 2.6~3.4㎜, 무게는 0.002~0.0043g입니다. 귀에는 아주 작은 소리의 진동을 귓속으로 전달하기 위한 작은 뼈가 3개 있는데 '청소골(이소골)'이라고 해요. 이 중 하나가 등자뼈입니다. 말을 탈 때 발을 거는 '등자'와 모양이 비슷해서 붙여진 이름이에요.

발가락 마디뼈는 몇 개일까?

손가락의 경우,
엄지손가락에는 마디뼈가 2개만 있고
나머지 네 손가락에는 마디뼈가 3개 있어요.
발가락에는 마디뼈가 몇 개 있을까요?

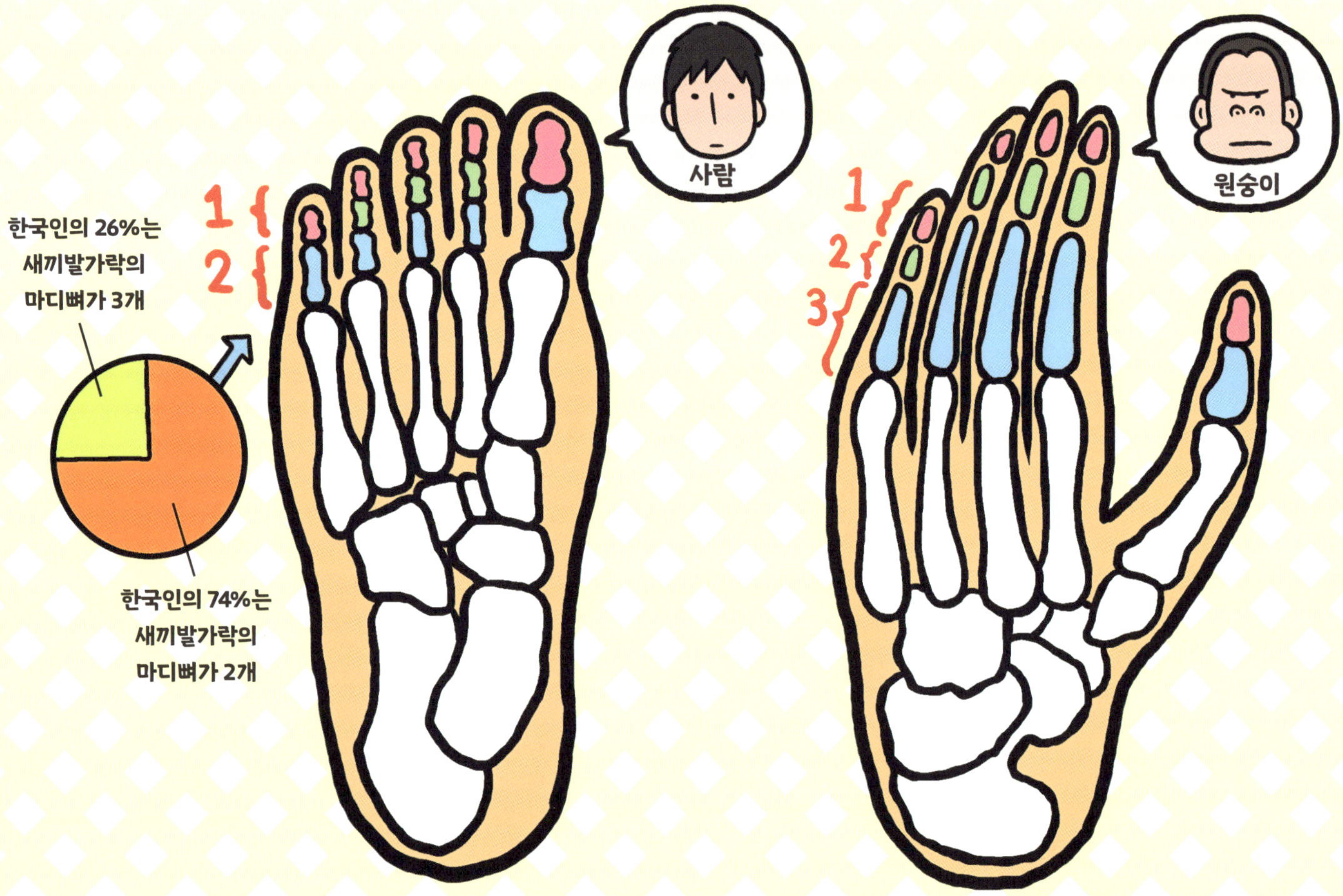

한국인의 26%는
새끼발가락의
마디뼈가 3개

한국인의 74%는
새끼발가락의
마디뼈가 2개

사람

원숭이

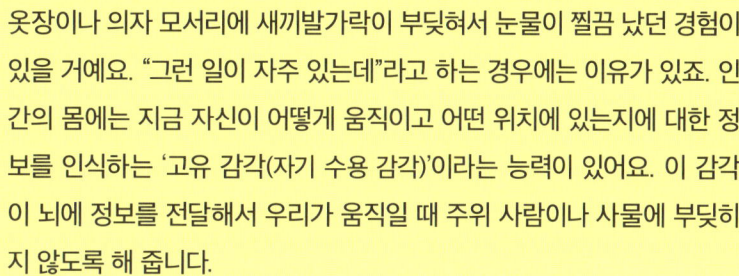

옷장 모서리에 새끼발가락이 자꾸 부딪히는 이유… 몸의 고유 감각이란?

옷장이나 의자 모서리에 새끼발가락이 부딪혀서 눈물이 찔끔 났던 경험이 있을 거예요. "그런 일이 자주 있는데"라고 하는 경우에는 이유가 있죠. 인간의 몸에는 지금 자신이 어떻게 움직이고 어떤 위치에 있는지에 대한 정보를 인식하는 '고유 감각(자기 수용 감각)'이라는 능력이 있어요. 이 감각이 뇌에 정보를 전달해서 우리가 움직일 때 주위 사람이나 사물에 부딪히지 않도록 해 줍니다.

하지만 인간이 인식할 수 있는 고유 감각보다 발의 폭이 10~15㎜ 정도, 즉 새끼발가락 1개 정도 튀어나와 있다는 주장이 있어요. 인간의 발에서 새끼발가락만은 고유 감각으로 통제가 안 되니까 자꾸 부딪히는 거죠.

새끼발가락의 뼈가 없어지고 있다!

발가락은 손가락보다 짧지만 설 때나 걸을 때
균형을 맞추기 위해 매우 중요한 역할을 하죠.
발의 경우 엄지발가락은 마디뼈가 2개(첫마디뼈, 끝마디뼈)이고,
둘째·셋째·넷째 발가락은 마디뼈가 3개(첫마디뼈, 중간마디뼈, 끝마디뼈) 있습니다.
새끼발가락은 마디뼈가 2개 있는 사람과 3개 있는 사람이 있는데,
3개 있는 사람은 줄어들고 있다고 해요.
한 연구에 따르면 새끼발가락 마디뼈가 2개인 사람이
유럽인과 미국인은 35~48%, 한국인은 74%라고 합니다.
아주 오래전 인류는 나무 위에서 생활하기 위해 발가락을 사용했지만,
두 발로 걷기 시작한 후 진화하면서 새끼발가락의 뼈가 적어지고 있어요.
말의 발굽은 각질로 되어 있는데 발톱의 일종입니다.
말은 가운뎃발가락 하나로 걷고 있죠.
개와 고양이는 앞발에 5개, 뒷발에 4개의 발가락이 있고,
모든 발가락은 3개의 마디뼈로 구성되어 있어요.

치아는 몇 개일까?

치아가 몇 개인지 헤아려 보고
모양도 확인해 볼까요?

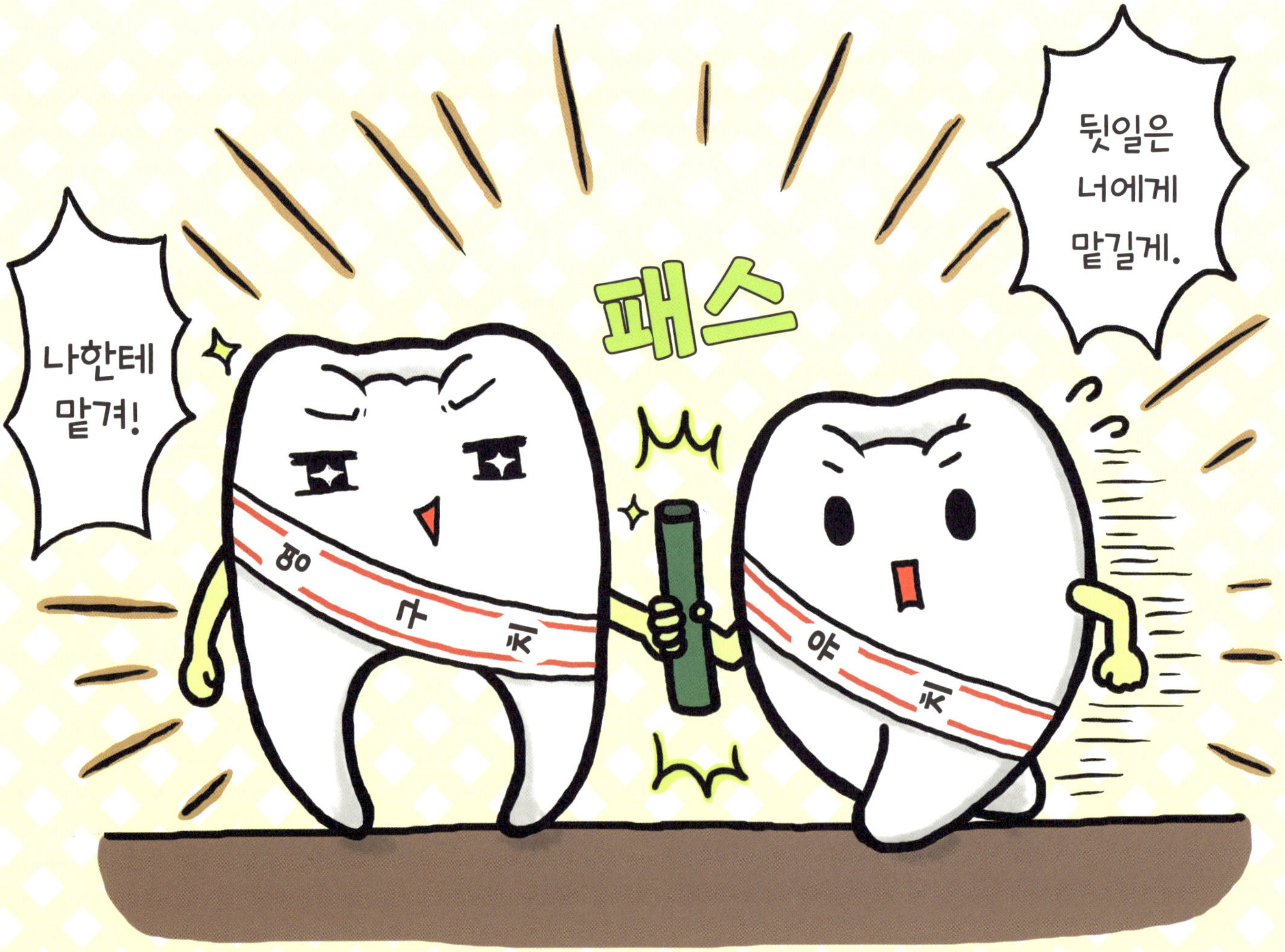

유치와 영구치

치아의 수는 나이가 같은 친구끼리도 다를 수 있어요.
초등학생이 될 무렵부터 15세 무렵까지 '유치(젖니)'가 '영구치'로 교체되는데,
사람마다 그 시기가 다르기 때문이에요.
영구치는 약 3세부터 유치의 뿌리를 영양분으로 해서
잇몸 속에서 조금씩 성장하면서 나올 준비를 하죠. 유치의 수는 20개,
영구치의 수는 28~32개입니다. 머리와 몸이 작은 시기에는 어린이의 턱 크기에
딱 맞추어 유치가 나고, 어른이 되면 유치보다 큰 영구치로 바뀝니다.
10대 후반부터 맨 안쪽에 새로 나는 치아를 '사랑니'라고 하는데,
나지 않는 사람도 있어요. 사랑니가 이상한 방향으로 자라면서
다른 치아를 방해하거나 칫솔이 닿지 않아 충치가 되면
치과에서 뽑아야 하는 경우가 많습니다.

신석기 시대에는 딱딱한 것을 먹었기 때문에 튼튼한 턱을 가지고 있었는데, 지금은 턱이 작아져서 사랑니가 나오는 공간이 좁아졌다고 해.

오물오물 씹는 것은 포유류라는 증거! 여러 가지 형태의 치아가 필요해

밥을 먹을 때 입안에서 음식을 오물오물하는 것은 포유류뿐이에요. 뱀이나 악어가 먹이를 통째로 삼키는 이유는 이빨로 물어뜯은 먹이를 입안에 모아서 씹을 공간이 없기 때문이에요. 오물거리며 씹기 위해서는 입안의 공간 외에도 음식을 부드럽게 삼키기 위한 침, 그리고 역할에 따라 구분해서 사용할 수 있는 치아가 필요해요.

사람에게는 채소나 과일을 자르는 가위 역할을 하는 '앞니(절치)', 고기를 자르는 칼 역할을 하는 '송곳니(견치)', 그리고 음식을 으깨주는 '작은어금니(소구치)'와 '큰어금니(대구치)'가 있어요.

피부, 눈동자, 머리 색깔이 사람마다 다른 이유

친구와 함께 피부, 눈동자, 머리 색깔을 비교해 볼까요?

멜라닌 색소의 양 (많음 → 적음)

- 검은색 / 검은색
- 갈색 / 황색
- 금발 / 흰색

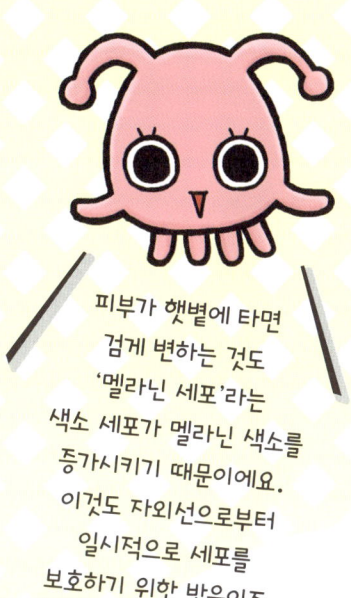

피부가 햇볕에 타면 검게 변하는 것도 '멜라닌 세포'라는 색소 세포가 멜라닌 색소를 증가시키기 때문이에요. 이것도 자외선으로부터 일시적으로 세포를 보호하기 위한 반응이죠.

머리카락과 손톱을 잘라도 아프지 않은 이유
인간을 보호하는 죽은 세포

머리카락은 잘라도 아프지 않아요. '죽은 세포'이기 때문이죠. 머리카락은 피부 가장 바깥쪽에 있는 각질 세포가 '케라틴'이라는 단백질로 채워져서 변한 것입니다.

머리카락의 뿌리에 있는 '모구'에서 세포가 분열하면서 새로운 머리카락이 계속 만들어지면서 자라는데, 그 과정에서 세포는 사실상 죽게 됩니다. 즉 모구에서 새로운 머리카락이 계속 만들어지고 밀려나면서 자라는 것으로, 피부 밖으로 나왔을 때는 이미 죽었기 때문에 잘라도 아프지 않은 것입니다. 그래도 모구는 살아 있고 신경과 혈관도 있기 때문에 머리카락을 세게 당기면 아프고 출혈이 생깁니다. 손톱이나 피부를 덮고 있는 각질도 마찬가지로 죽어서 밖으로 밀려난 세포예요.

멜라닌 색소의 양에 따라 달라지는 색깔

피부나 눈동자, 머리카락의 색깔은 멜라닌 색소의 양에 따라 달라져서
많으면 검어지고 적으면 하얘지죠.
멜라닌이 많은 순서대로 보면 머리카락은 검은색, 갈색, 금발, 흰색이 됩니다.
그리고 피부색은 검은색·황색·흰색이 되고,
눈동자 색깔('홍채'라는 검은자위 주변 부분)은 갈색·녹색·회색·파란색이 되죠.
인종에 따라 멜라닌의 양이 다른 것은 자외선의 양과 관련됩니다.
햇빛의 양이 많거나 햇볕이 드는 시간이 길면 태양광에 들어 있는
유해한 자외선으로부터 몸을 보호하기 위해 많은 양의 멜라닌이 만들어지죠.
눈동자 색깔은 멜라닌이 많으면 빛의 파장을 흡수하기 때문에 색깔이 짙어져서
검은색이나 갈색으로 보입니다. 그리고 멜라닌이 적으면 빛을 반사하여
녹색이나 파란색이 되죠. 홍채 색이 옅을수록 빛이 쉽게
투과되기 때문에 눈부심을 쉽게 느낍니다.

사실은 책임이 중대한 간

어른들은 왜 술을 마시고 취하는 걸까?

어른들이 술을 마시는 모습을 본 적이 있을 거예요. 얼굴이 빨개지거나 말이 꼬이거나 어쨌든 평소와는 다른 모습이 되죠. 술에 들어 있는 알코올이 뇌를 마비시키기 때문이에요.

술에 취하는 것은 혈액에 녹은 알코올이 뇌에 전달되어 뇌가 마비되었다는 뜻이에요.

술을 얼마나 마실 수 있는지는 사람마다 다른데, 알코올을 분해하는 '효소'가 얼마나 잘 작동하느냐에 다르다고 해요.

술을 마시면 몸속에서 어떤 일이 일어날까?
~ 알코올이 몸속에서 분해될 때까지 ~

어린이는 왜 술을 마시면 안 될까?

술은 연나이 19세 이상부터 마실 수 있어요. 이유를 알아볼까요?
① 뇌의 기능이 저하된다.
② 간 등의 장기에 장애를 일으키기 쉽다.
③ 성 호르몬 분비에 이상이 생길 우려가 있다.
④ 알코올 중독에 걸리기 쉽다.
⑤ 감정이나 충동을 조절하는 중추가 손상될 수 있다.

또 알코올을 분해하는 효소의 기능이 완성되지 않은 상태이므로 어른에 비해 음주로 인한 장기 손상의 위험이 상당히 높아요. 19세가 되기 전에 술을 마시면 뇌의 기능이 떨어지고 기억력과 판단력, 사고력, 의욕 등이 낮아질 확률도 높다고 합니다.

1. 혈액에 녹아서 몸속으로 흘러간다

몸에 들어간 알코올은 약 20%가 위에서, 나머지 대부분은 소장에서 흡수된다. 흡수된 알코올은 혈액에 녹아서 몸속을 돌아서 간으로 운반된다.

2. 간에서 '아세트알데히드'가 된다

간에서는 알코올의 약 90%가 대사된다. 알코올은 '아세트알데히드'로 분해되는데, 이 아세트알데히드는 얼굴이 빨갛게 되거나 두근거림·구역질·두통을 일으키는 원인이 된다.

* 간에서 분해되지 않은 알코올은 간정맥을 통해 심장으로 보내져서 온몸을 돌아서 간으로 되돌아온다.

3. '아세트산(초산)'이 된다

아세트알데히드가 다시 분해되어 '아세트산'이 된다.

4. 몸 밖으로 흘러나간다

아세트산은 몸에 해가 되지 않는 물질이다. 온몸을 돌아다니는 동안 물과 탄산가스로 분해되어 몸 밖으로 흘러나간다.

* 마신 알코올 중 약 10%는 땀과 오줌, 호흡을 통해 몸 밖으로 나간다.

혈액형이 궁금해

혈액 검사로 혈액형을 알아볼까요.

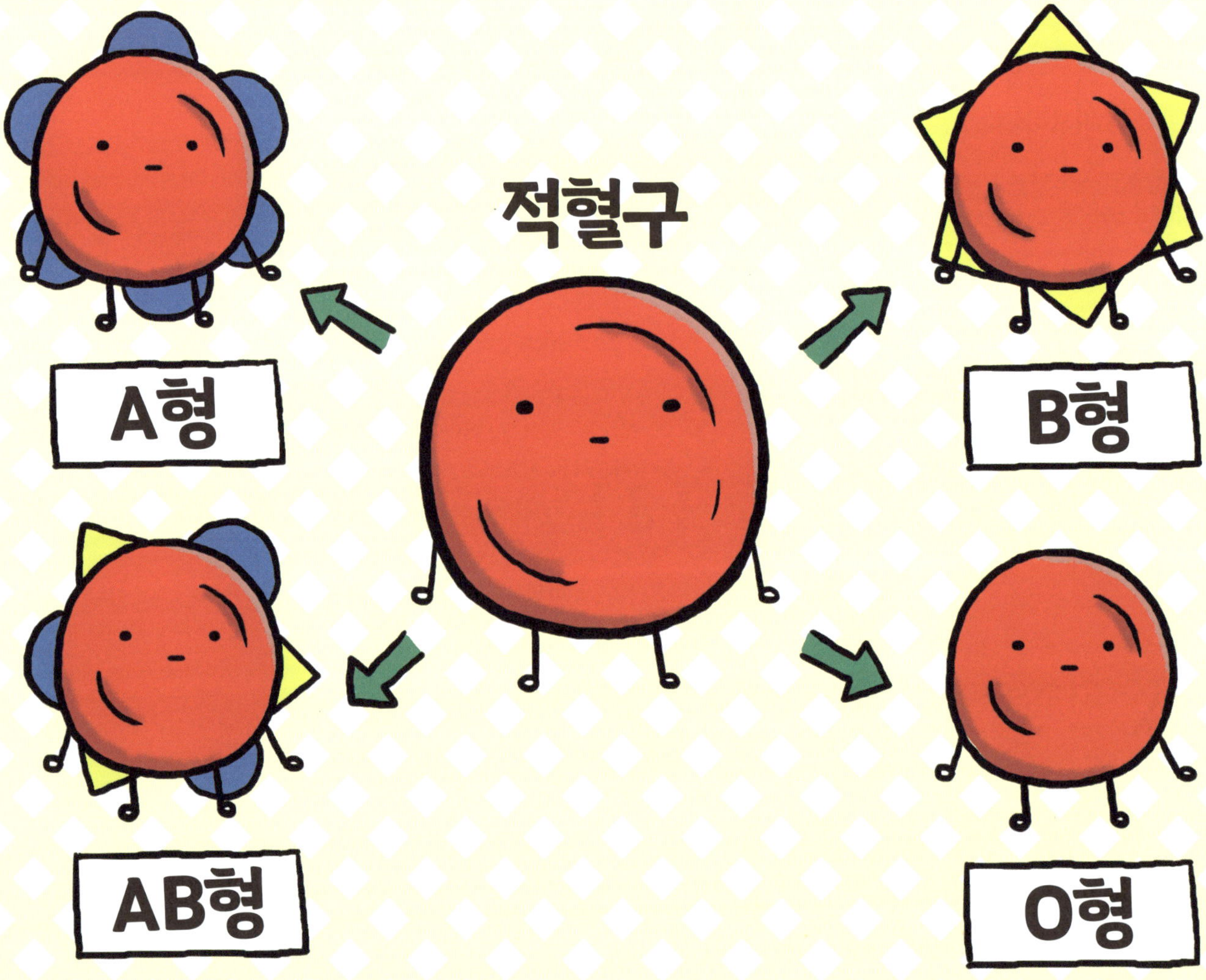

적혈구

A형

B형

AB형

O형

ABO식 혈액형과 Rh식 혈액형

혈액형은 ABO식으로 분류하는
A형, B형, O형, AB형이 가장 많이 알려져 있어요.
혈액형은 혈액 속의 적혈구 표면에 있는
물질의 차이에 따라 구분됩니다. 예전에 O형은 'C형'이라고 했었습니다.
A형은 A형 물질, B형은 B형 물질을 가지고 있었는데 C형은 물질을
가지고 있지 않기 때문에 숫자 0을 써서 '0형'이라고 했더니
알파벳 O로 착각해서 O형이 되어 버렸다고 합니다.
Rh식은 수혈을 받을 수 있는 항체가 있는 사람은 Rh+,
없는 사람은 Rh-로 표기하는데, 일본인의 약 99.5%가 Rh+라고 해요.
인간의 혈액형은 수십 가지로 구분할 수 있는데 수혈할 때
주로 이용하는 혈액형이 ABO식과 Rh식이에요.

'~없이'라는 의미를 가진 독일어 ohne(오네)의 머리글자에서 O형이 되었다는 이야기도 있어.

인류의 조상은 A형! 고릴라는 모두 B형!

혈액형이 발견된 것은 1900년이에요. 오스트리아의 병리학자 카를 란트슈타이너가 사람의 혈청에 다른 사람의 적혈구를 섞으면 혈액이 굳는 경우와 굳지 않는 경우가 있다는 것을 발견했어요. 혈액형은 O형이 가장 단순한 구조라서 인간의 조상은 O형이라는 의견이 유력했지만, DNA 해석 결과 현재는 A형이라는 주장이 강하게 받아들여지고 있습니다.

침팬지의 혈액형은 A형과 O형이고, 고릴라는 B형만 있어요. 그리고 오랑우탄은 A형, B형, O형, AB형이 있어요. 사람, 유인원, 원숭이의 공통 조상은 A형이었던 것으로 밝혀졌죠.

손가락 지문의 모양을 비교해 보자

손가락 안쪽을 자세히 살펴보고,
손가락마다 지문의 모양을 비교해 보세요.

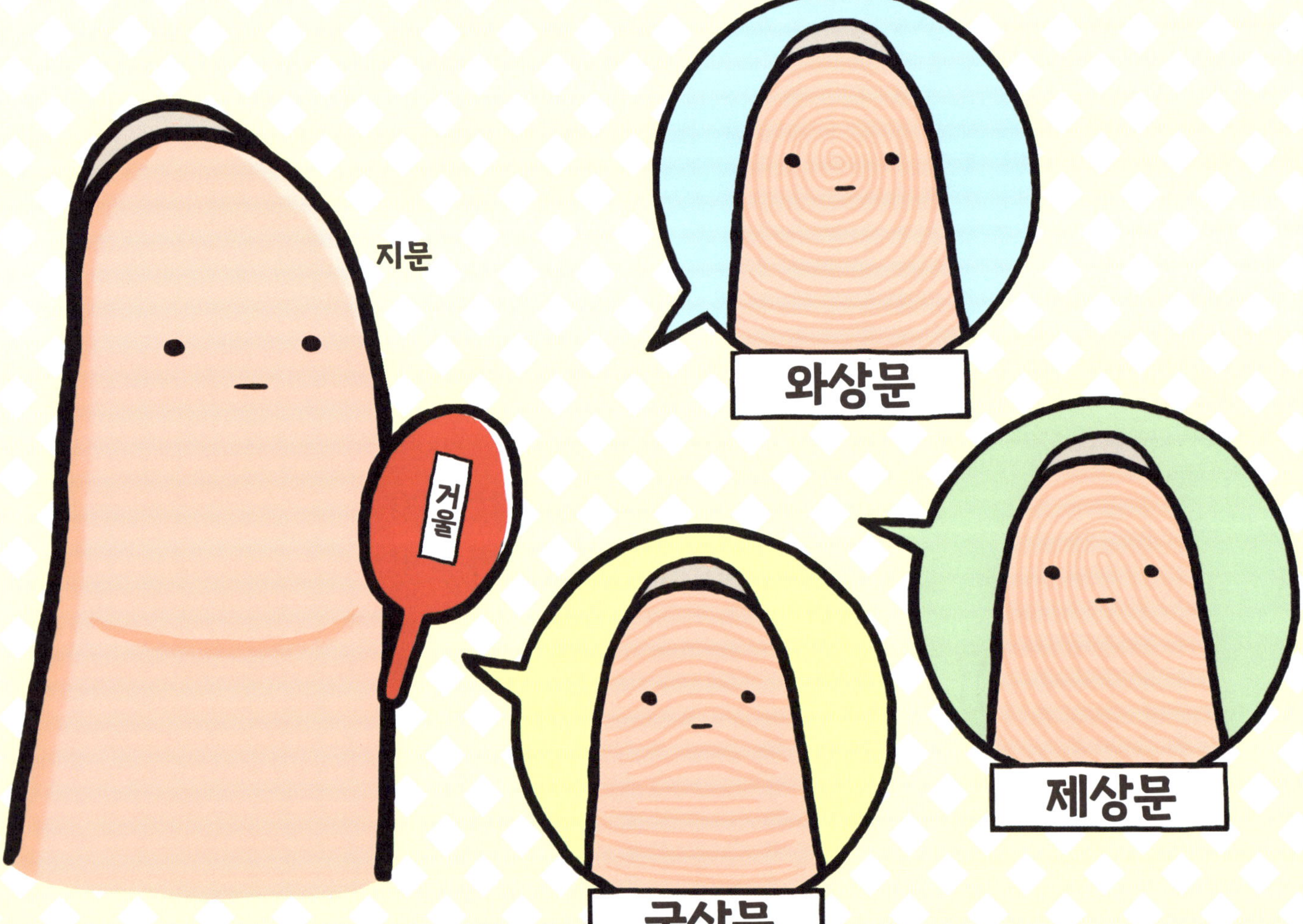

지문

거울

와상문

궁상문

제상문

영장류가 아닌데도 유일하게 지문이 있는 동물 코알라의 지문은 인간과 매우 비슷하다!

지문을 가진 동물은 매우 드물어서 원숭이나 고릴라 같은 영장류와 코알라나 피셔 등 일부 비영장류만이 지문을 가지고 있습니다. 족제빗과에 속하는 피셔는 나무를 잘 타고 매우 사나운 동물이에요. 코알라는 하루에 20시간을 나무 위에서 잠을 자면서 지내죠. 이렇듯 지문이 있는 동물은 물건을 꽉 잡거나 나무에 오르기를 잘합니다. 참고로 코알라의 지문은 인간과 흡사해서 전자 현미경으로 봐도 코알라인지 인간인지 판단하기 어렵다고 해요. 또 사람의 지문처럼 소의 코에는 소마다 다른 미세한 무늬인 '비문(鼻紋)'이 있습니다.

인간이 손을 요긴하게 사용할 수 있는 것은 지문 덕분이기도 하구나.

평생 변하지 않는 자신만의 고유한 무늬

손가락 끝을 보면 파도처럼 생긴 작은 무늬가 있어요. 발가락에도 있죠. 이것이 바로 지문인데 똑같은 모양의 지문을 가진 사람은 없지요.

지문의 종류는 크게 궁상문, 제상문, 와상문 3가지랍니다.

지문의 형태는 사람마다 다르며, 손가락마다 지문이 다른 사람도 많습니다.

지문은 19주 차 무렵의 태아에게 나타나 평생 변하지 않는다고 해요. 만약 다치더라도 다치기 전의 형태로 재생됩니다. 그래서 '이건 나예요'라고 증명해 주는 '생체 인식'을 할 때 지문이 사용되는 겁니다.

범죄 수사에서는 범인이 현장에 남긴 지문을 증거로 삼기도 하지요.

지문에 있는 미세한 울퉁불퉁함은 미끄럼 방지 역할을 하기 때문에 물건을 쉽게 잡을 수 있도록 해 주고, 손가락 끝의 감각을 민감하게 해 줍니다.

그런데 왜 지문이 생겼는지 명확한 이유는 아직 확인되지 않았어요.

얼마나 자랐는지 키를 비교해 보자

친구나 형제와 키를 비교해 보고
1년 사이에 얼마나 자랐는지도 확인해 보세요.

뼈는 언제까지 계속 자라는 걸까?

키는 온몸의 뼈가 조금씩 자라면서 커집니다.
어린이의 뼈 양 끝에는 '성장판'이라는 연골층이 있어요.
여기에는 뼈를 만드는 '연골세포'와 '골아세포(조골세포)', '파골세포'가 많이 있는데,
이것이 성장 호르몬의 작용에 따라 분열을 반복하면서 뼈가 자랍니다.
또 사춘기에는 골아세포의 기능을 높이는 '성호르몬'이 증가해서 뼈가 자랍니다.
성장판의 연골세포는 어떤 지점까지 성장하면 분열을 멈춥니다.
성장판이 없어지면 키 성장이 멈추는데 일반적으로 그 시기가 여성은 15~16세,
남성은 18세 무렵이지만 20세까지 자라는 사람도 있습니다.
키는 유전적인 요소도 있지만 수면과 운동, 식사 등이 정말 중요해요.
성장 호르몬은 잠자는 사이에 분비되기 때문에
수면은 성장에 중요한 역할을 하죠.

키가 클 때 다리가 아픈 사람이 있을 거예요. 이것을 '성장통'이라고 하는데 3세 무렵부터 초등학교 저학년생까지 많이 나타나는 증상이에요.

키는 아침에 일어났을 때 가장 크고, 밤에 잘 때 가장 작다

하루 중 키가 가장 큰 때는 아침에 잠에서 깰 때입니다.
척추뼈와 척추뼈 사이에는 '추간판'이 있는데, 이것은 척추에 가해지는 충격을 완화해 주거나 척추가 유연하게 움직일 수 있도록 젤리 형태의 물질로 되어 있어요. 굉장히 부드럽기 때문에 아침에 일어나서 걷거나 앉으면 머리와 몸의 무게 때문에 점점 눌립니다. 그래서 밤에는 아침에 비해 키가 조금 작아지는 거예요.
약 2cm나 차이가 나는 사람도 있어요. 밤에 누워서 자는 사이에 추간판이 원래대로 돌아가서 하루 중 아침에 가장 키가 큰 거죠.

인간에게 물고기 아가미의 흔적이 있다!

인간은 폐로 호흡하기 때문에 아가미는 없지만 흔적이 남아 있어요.

귀 앞부분에 작은 구멍이 있는 경우는 드문데, 이것이 '아가미의 흔적'이에요. 사람에 따라 있기도 하고 없기도 하죠.

아가미로 사용하던 것이 인간의 진화 과정에서 다른 기관으로 바뀐 거구나!

인간의 조상은 물고기 형태를 하고 물속에서 살던 시절이 있었어요. 물속에서 호흡하기 위해서는 아가미가 필요합니다. 어류 시절 지느러미였던 부분은 인간으로 진화한 후 손발이 되었어요. 그러면 아가미는 무엇으로 변했을까요? 물고기 시절의 아가미는 인간이 된 지금도 흔적이 남아 있습니다.

  인간의 태아는 초기에는 5㎜ 정도의 크기로, 목구멍 근처에 활(궁)처럼 휘어진 모양의 조직이 늘어서 있고, 이것이 새궁입니다. 이것은 물고기의 태아에게도 있는데, 이 부분이 성장하면 아가미가 되죠. 인간의 태아 목구멍에도 물고기의 아가미에 해당하는 부분이 있으며, 이것이 성장하면 얼굴의 일부나 신경·귓바퀴 등이 됩니다.

3장

왜 이렇게 되는 걸까?

몸속에서 무슨 일이 일어나고 있을까?

재채기를 해서 깜짝 놀랐잖아!

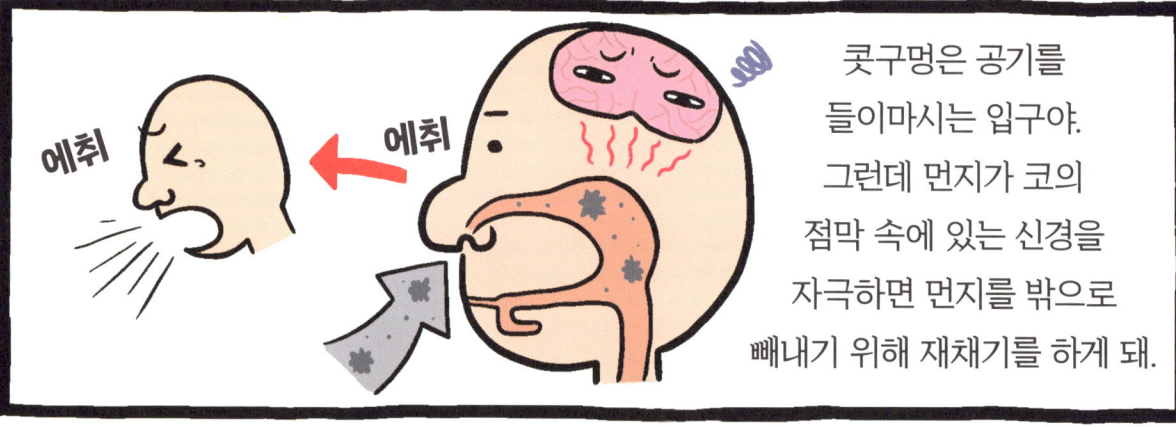

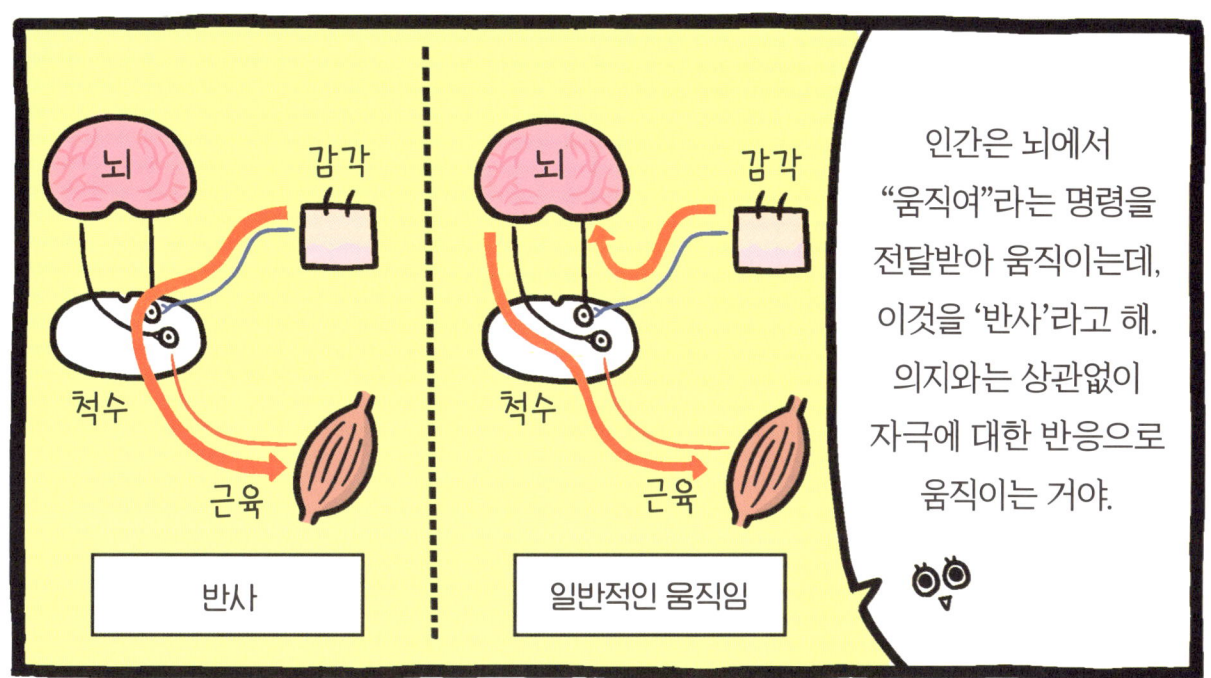

빙수를 먹으면 머리가 띵한 느낌이 들어

빙수를 많이 먹을 때 갑자기
머리가 띵한 통증을 느낀 적이 있을 거예요.

혈관을 급속히 확장시킨다

띵

아얏~

3차 신경

> ### 차가운 것을 먹으면 왜 이가 시릴까?
>
> 충치가 없는데도 차가운 음식이나 물을 먹은 뒤 치아가 시린 적이 있나요? 그건 '치아 과민증(상아질 지각 과민)'일 수도 있어요. 잇몸이 내려앉아서 치아의 뿌리가 밖으로 나왔을 때 자주 일어나는 증상이에요. 치아의 뿌리는 '시멘트질'로 덮여 있고, 굉장히 부드럽기 때문에 양치질로 자극을 받으면 벗겨져 버려요.
>   그 외 치아 표면을 싸고 있는 '에나멜질(사기질)'이 줄어들었을 때도 차가운 음식의 자극에 약해져서 시린 증상이 나타날 수 있어요. 그 밖에 초콜릿 같은 특정 음식을 먹을 때도 시린 경우가 있습니다.

차가운 음식을 빨리 먹으면 천천히 먹을 때보다 두통이 더 잘 일어나는 것 같아.

원인은 두 가지

빙수를 먹고 머리가 띵해지는 이유는 두 가지예요.
먼저 입안의 온도가 갑자기 내려가면 몸이 반사적으로
'체온을 올리자'고 결정합니다. 그러면 머리로 통하는 혈관이 확장되면서
흐르는 피의 양이 늘어나죠. 그 결과 머릿속 혈관에 일시적으로
염증이 생기는데 이때 통증이 발생합니다.
또 하나는 차가운 얼음이 목을 지날 때 3차 신경(얼굴에 분포하는 감각 신경-옮긴이)이
자극을 받는데, 이때 발생하는 전달 신호의 회로가 혼란을 일으켜서
뇌가 아프다고 착각하는 것이라는 견해가 있어요.
의학 용어로 '아이스크림 두통'이라고 하는데
아이스크림이나 빙수 등 찬 것을 먹은 후 몇 분간 발생하는 두통을 말해요.
하지만 아이스크림의 경우 온도는 낮지만 얼어 있는 부분이 적고
지방이 열의 전달과 흡수를 누그러뜨리므로
빙수를 먹을 때만큼은 두통을 잘 발생시키지 않아요.

뜨거운 라면을 먹으면 왜 콧물이 날까?

뜨거운 라면을 먹으면 콧물이 나와서 살짝 부끄러워요!

라면의 열과 습도에 반응해서 콧물이 난다

코 안쪽에는 '비강'이라는 공간이 펼쳐져 있습니다.
이 비강의 점막에서 점액이 분비되는데 호흡을 하여
들이마신 공기에 들어 있는 쓰레기와 먼지를 점액이 잡아 줍니다.
점액은 코로 들이마신 공기의 온도와 습도를 일정하게 유지해 주는 작용도 해요.
뜨거운 라면을 먹을 때 뜨거운 공기가 그대로 폐로 들어가면 폐는 손상을 입게 되겠죠.
그래서 코로 뜨거운 김이 들어오는 것을 느끼면 점액을 흘려보내 온도를 낮춥니다.
김이 콧속에서 식으면 물이 되니까 물기가 많은 콧물이 줄줄 흐르게 되는 겁니다.
이뿐만 아니라 추운 곳에 있을 때 콧물이 나오는 것은
건조한 공기의 습도를 높이기 위해서입니다.
이런 작용들을 몸을 지키기 위한 '방어 반응'이라고 해요.

뜨거운 라면이나 국수 같은 것을 먹으면 콧물이 나오지만 차가운 면을 먹을 때는 콧물이 나오지 않아요.

추운 곳에서 코가 빨개지는 것은 확장된 혈관이 비쳐 보이기 때문

추운 장소에 가면 코가 빨개지는 것도 방어 반응이에요. 겨울에 따뜻한 방과 추운 밖을 왔다 갔다 하면 혈관은 확장과 수축을 반복하게 됩니다. 그러다가 혈관 확장이 지속되면 코의 피부가 너무 얇기 때문에 혈관이 비쳐서 코가 빨갛게 보이는 거죠.

화가 날때나 부끄러울 때 얼굴이 빨개지는 것도 피부 아래에 있는 모세혈관이 확장되기 때문입니다. 흥분하거나 긴장해서 '아드레날린'이라는 호르몬이 분비되면 호흡과 심장의 움직임이 빨라져서 몸속을 흐르는 산소의 양이 많아지고 혈액 순환이 증가해서 혈관이 확장되는 거예요.

무섭다는 생각이 들면 피부에 소름이!

피부가 오돌토돌해지는 것을 '소름이 돋는다'고 해요.
놀랄 때나 추울 때도 소름이 돋죠.

소름

바스락 바스락

모공이 닫힌다. 바짝 수축

입모근 → 입모근

소름이 돋는 것은 몸을 보호하기 위한 방어 반응

모근 가까이에 있는 털세움근(입모근)이라는 근육이 작동하면 피부에 소름이 돋는데요. 입모근은 자신의 의지로는 움직이지 못하고 교감 신경에 의해 움직이는 근육입니다. 뇌가 공포나 추위를 느끼면 감정이 흥분되면서 교감 신경이 자극을 받습니다. 그러면 아드레날린이 나와서 털세움근에 작용합니다. 입모근이 수축되면 평소 잠들어 있는 털의 뿌리가 당겨지면서 털이 선 상태가 되고, 모공도 닫혀서 외부에서 오는 자극을 막아 줍니다. 일종의 방어 반응이에요. 닭살이 돋는 것은 원래 항온 동물이 체온을 일정하게 유지하기 위해 일으키는 생리 현상입니다. 추운 곳에 있으면 털이 서는데, 이때 털과 털 사이에 공기가 들어가서 냉기로부터 보호되니까 체온을 빼앗기지 않는 거죠. 하지만 인간은 진화하는 도중에 온몸을 덮고 있던 긴 털이 없어졌기 때문에 별 의미가 없다고 해요.

인간에게는 몸을 보호하기 위한 장치가 많이 있구나.

위험한 상황에 닥쳤을 때 동물들의 '반응'이 대단해!

'무서워!'라고 생각하면 얼굴색이 새파래질 때가 있습니다. 이것도 방어 반응 중 하나예요. 동물은 위험한 상황에 닥치면 상처를 입어도 피가 잘 나지 않도록 피부 근처의 혈관을 수축시켜 혈류량을 줄입니다. 그래서 얼굴이 새파랗게 변하는 거죠.

또 공포를 느낄 때는 혈액의 응고 작용이 증가합니다. 출혈이 있으면 피를 빨리 응고시켜 출혈을 멈추기 위해서라고 해요. 그 외에 교감 신경의 작용에 따라 주변 상황이나 상대를 잘 볼 수 있도록 동공이 확대되는 반응도 일어납니다.

배가 고프면 꼬르륵 소리가 나!

수업 중에 모두가 조용히 있는데
배에서 꼬르륵 소리가 나면 창피하죠.

뇌와 위는 항상 연락을 주고받는답니다~

뇌는 '위의 수축 작용'과 '혈당 수치'로 배고픔을 느낀다

우리 배 속이 비어 있을 때 위는 주먹 하나 정도의 크기예요. 위벽은 가로로, 세로로 그리고 비스듬하게 커졌다 작아졌다 하는 세 층의 근육으로 만들어져 있답니다. 밥을 먹으면 근육이 늘어나고 그 자극이 뇌에 전해져 '배불러' 하고 느끼는 거지요.

반대로 '배고파'라는 신호는 위벽이 줄어든 것을 뇌가 알아차리고 혈액 속 혈당치가 내려가는 것이고요. 뇌 신경 세포의 활동에 포도당이 중요한 역할을 하므로 혈당치의 변화에 무척 민감해요. 배가 고플 때 단것을 먹으면 머리가 맑아지고 기운이 나는 것은 혈당치가 올라 에너지가 뇌세포에 전달되었기 때문이랍니다.

소리가 나는 것은 위 근육이 운동하고 있다는 증거!

배가 고플 때 소리가 나는 것은 위 근육이 운동하고 공기가 드나들기 때문이에요.
위는 입구에서 출구 쪽으로 근육이 물결치듯 움직이면서 음식을 장 쪽으로 운반해요.
이때 십이지장에서 분비되는 '모틸린(motilin)'이라는
호르몬의 작용으로 위는 강하게 수축됩니다.
위를 수축시켜 위 속에 남아 있는 음식물을 출구로 내보내서
위를 비워 다음 식사를 준비합니다.
이때 위가 비어 있으면 위 속의 공기가 격렬하게 움직이면서 꼬르륵 소리가 납니다.
다른 사람이 들으면 창피하지만 위 근육이 활발하게 운동하고 있다는 증거죠.
조금만 지나면 소리가 멈추지만 이 공복기 수축은
90분에서 2시간 정도 간격으로 반복되므로
밥을 먹지 않은 상태로 있으면 다시 꼬르륵 소리가 납니다.

가슴이 두근거리면 손에 땀이 나

더울 때만 땀을 흘리는 건 아니에요.
긴장했을 때, 부끄러울 때, 무서울 때도 땀이 나죠.

땀의 종류에 따라 냄새가 다르다

긴장을 하면 '정신성 발한(긴장성 발한)'이라고 해서
손바닥이나 겨드랑이 밑, 발바닥 같은 곳에 땀이 나는 경우가 있지요.
스트레스 때문에 자율 신경이 억눌리는 것이 원인으로 짐작되지만
자세한 이유는 알려지지 않았어요.
더울 때 나는 땀은 에크린샘에서 분비되는데 대부분 수분이에요.
그런데 긴장했을 때는 아포크린샘에서도 땀이 나오는데
더울 때 흘리는 땀보다 단백질이나 미네랄이 많이 들어 있어서 냄새가 강하죠.
피곤과 스트레스가 쌓여 있을 때도 땀 냄새가 평소보다 강해진다고 해요.
피곤이나 스트레스의 영향으로 혈액 속 암모니아 농도가 높아져서
땀과 함께 나오기 때문이에요.

손바닥이나 발바닥에서 땀이 나는 것은 인간의 조상들이 나무에 오르거나 사냥을 할 때 손발이 미끄러지지 않도록 하기 위해서라는 의견도 있어.

'기쁨의 눈물'과 '억울함의 눈물'은 맛이 다르다

눈물의 종류에는 3가지가 있는데 건조함이나 세균으로부터 보호하기 위한 기초 분비, 자극에 의한 반사 분비, 감정에 따라 흐르는 정동성 분비로 나뉩니다. 슬플 때나 기쁠 때 흘리는 눈물은 '정동성 분비'에 해당하는데 감정에 따라 눈물의 맛이 달라지죠. 슬플 때나 감동했을 때 흘리는 눈물은 부교감 신경이 작용하기 때문에 싱겁고 달콤한 맛이 나는데, 스트레스 호르몬이라는 '코르티솔'과 함께 몸 밖으로 나가기 때문에 울고 나면 기분이 상쾌해집니다. 화가 났을 때나 후회할 때의 눈물은 교감 신경이 흥분해서 수분은 적어지고 염화나트륨 농도가 짙어지기 때문에 짠맛이 나죠.
　울 때 콧물이 나오는 것은 눈물샘에서 만들어진 눈물이 코눈물관(비루관)을 통해 코로 흘러가기 때문이에요.

생명의 신비!

아기의 여러 가지 반사

인간의 아기에게도 무의식적으로 작용하고 있는 많은 반사 행동이 있어요. 아기가 성장하면서 사라집니다.

모로 반사(Moro reflex)

눈부신 빛이나 소리, 오싹한 감촉 등에 깜짝 놀라면 손발을 움찔거리며 무언가를 껴안는 듯한 동작을 해요. '모로 반사'라고 하는데 태어나자마자 시작해서 목이 자리잡힐 때쯤 사라집니다.

잡기 반사(Grasp reflex)

태어나서 3개월 무렵까지 볼 수 있는 반사예요. 아기의 손바닥에 어른의 손가락을 얹으면 꽉 붙잡는 반응을 보이고, 발끝에 닿으면 발가락을 오므리는 반응을 말합니다.

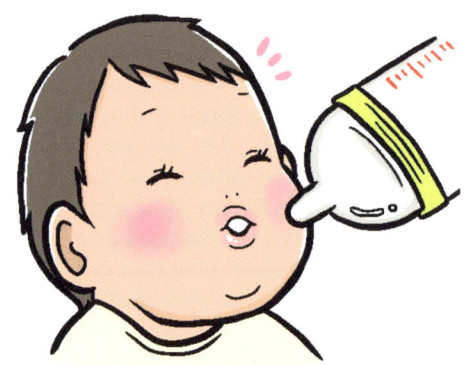

빨기 반사(Sucking reflex)

보이지 않아도 입술에 닿는 것을 빠는 동작을 '빨기 반사'라고 하는데, 아기의 윗입술에 손가락을 갖다 대면 빨아들이는 듯한 동작을 하죠. 이 반사가 있어서 아기가 우유를 마실 수 있어요.

엔젤 스마일(Angel smile)

아기가 본능적으로 짓는 미소를 '엔젤 스마일'이라고 해요. 무심코 혹은 자고 있을 때 아기는 뭔가 즐거운 듯이 미소를 짓는 반응을 보이죠. 아기는 즐거워서 웃는 게 아니라 가까이 있는 어른들에게 "귀여워"라는 말을 듣고 관심을 끌기 위해 미소를 짓는다는 이야기도 있어요.

당김 반응 (Traction reaction)

누워 있는 아기의 두 손을 잡고 천천히 상체를 일으키면 목이 자리 잡지 않은 아기가 살짝 머리를 앞으로 끌어당기는 동작을 하는데 이를 '당김 반응'이라고 해요.

핸드 리가드 (Hand-regard)

생후 2~3개월 된 아기가 자신의 손을 빤히 쳐다보며 움직이거나 핥는 것을 '핸드 리가드'라고 합니다. 아기가 자기 몸을 인식하기 시작하면서 하는 행동이죠.

보행 반사(Stepping reflex)

태어난 지 얼마 안 된 아기의 양쪽 겨드랑이를 받치고 걷게 하면 아기는 걸어가듯이 두 발을 번갈아 땅에 내려놓으려고 합니다. 이것이 '보행 반사'예요.

아기의 반사 행동은 자신의 몸을 지키기 위한 연습인가 봐.

낙하산 반사(Parachute reflex)

태어난 지 9~10개월이 지날 무렵에 엎드린 아기를 안아 올렸다가 머리를 아래쪽으로 떨어뜨리면 아기는 몸을 지탱하려고 양손을 쭉 펴는 행동을 해요. 이것을 '낙하산 반사'라고 합니다. 이 반사 덕분에 넘어졌을 때 손을 앞으로 쭉 뻗어 몸을 보호할 수 있습니다.

버스를 타면 속이 거북해

전철이나 버스를 타면 속이 거북해질 때가 있어요.
메스꺼움과 두통 증세를 보이면서 몸 상태가 나빠지기도 하죠.

전철을 타면 쏟아지는 졸음

전철이나 버스를 타고 있으면 졸음이 쏟아지는 경우가 있어요. 이것은 클래식 음악을 듣고 있으면 졸음이 오는 것과 같습니다. 전철이나 버스를 타거나 클래식 음악을 듣고 있으면 기분을 편안하게 해 주는 흔들림을 느낄 수 있어요. 이것은 졸졸 흐르는 시냇물 소리나 자연에서 부는 산들바람처럼 예측할 수 없는 변화와 움직임으로 'f 분의 1의 흔들림'이라고 해요. 자연의 소리에 있는 'f 분의 1의 흔들림'은 특히 기분을 상쾌하게 만들고 마음을 진정시켜 줍니다. 그 외 촛불 등 불꽃의 흔들림이나 파도 소리 등에도 기분을 편안하게 해 주는 효과가 있어요.

이전에 차멀미를 한 적이 있어서 '또 차멀미할지도 몰라'라며 불안하게 생각하는 것도 차멀미의 원인이 될 수 있어. 그러니까 되도록 생각하지 않는 게 중요한 거야.

초·중학생에게 잘 나타나는 차멀미

몸의 평형 감각이나 움직임을 느끼는 것은 속귀(내이)에 있는 '반고리관'이에요.
반원 모양의 관 3개가 서로 직각으로 교차되어 있는 구조인데,
관 속에 있는 림프액의 움직임에 따라 몸의 회전 운동을 감지합니다.
차를 탔을 때 차가 흔들리거나 속도의 변화가 있으면 반고리관이나 내이에 있는
'전정 기관'에서 느끼는 정보와 눈으로 들어오는 영상 정보에 오차가 생겨서
자율 신경이 흐트러질 수 있어요. 그러면 속이 거북해지거나 머리가 아프기도 합니다.
또 차 안의 높은 온도와 습도 또는 불쾌한 냄새가 차멀미의 원인이 될 수도 있어요.
차멀미를 하지 않으려면 가능한 한 머리가 흔들리지 않아야 합니다.
어른보다 어린이가 멀미를 많이 하는 이유는 자율 신경이 충분히
발달하지 않은 데다 차를 타는 데 익숙하지 않기 때문이에요.

모기에게 물리면 가려워!

여름이 되면 알지도 못하는 사이에
모기에 물려 가려움을 느끼게 되죠.

면역 반응 때문에 가려워

모기는 피를 빨아먹을 때 가느다란 입(바늘)을
피부에 찌르면서 동시에 타액(침)을 흘려 넣습니다.
타액에는 바늘이 잘 들어가도록 피부를 마취시키는
물질과, 빨아먹는 동안 피가 굳지 않게 하는 항응고 물질이 들어 있어요.
모기에게 물리면 인체는 몸에 들어온 타액을 이물질이라고 생각하고
제거하기 위해 싸웁니다. 이것을 '면역 반응'이라고 하는데
이때 발생하는 것이 '히스타민'이라는 물질이에요.
이것이 가려움증의 원인이죠. 참고로 모기에게 물리고 조금 지나서
가려움을 느끼는 것은 마취시키는 물질의 효과가 3분 정도 후에 나타나기 때문이에요.
가려움은 '지금 이물질과 싸우고 있어요'라며 몸에서 내보내는 신호예요.
모기에게 찔린 곳이 붓는 이유는 혈관의 지름을 넓혀 면역 작용을 하는 백혈구를
빨리 모이게 하고, 열을 발생시켜 백혈구를 건강하게 만들려고 하기 때문이죠.

모기는 보통 꽃의 꿀을 빨아먹고 살아가는데 인간의 피를 빨아먹는 것은 성숙한 암컷 모기뿐이에요. 산란에 필요한 에너지를 얻기 위해서죠.

사람의 손끝은 예민하고 등과 허벅지, 팔꿈치는 둔감한 이유

사람의 피부에는 외부의 자극을 받았을 때 느끼는 '감각점'이라는 것이 있어요. 피부 감각에는 통증을 느끼는 '통각', 사물에 닿았을 때 생기는 '촉각', 압박을 느끼는 '압각', 피부 온도보다 낮은 온도를 느끼는 '냉각', 피부 온도보다 높은 온도를 느끼는 '온각' 등이 있습니다.

각각의 감각은 수용체(센서)에서 감지해요. 몸의 부위에 따라 감각점의 양에 차이가 있는데 촉각을 느끼는 지점인 촉점의 양이 가장 많아서 민감해요. 반면 등과 허벅지, 팔꿈치가 둔감한 이유는 촉점이 적기 때문이죠.

책상에 팔꿈치가 부딪히면 찌릿찌릿해!

서랍에서 물건을 꺼내다가 딱딱한 의자에 팔꿈치가 부딪히면 팔 전체가 찌릿찌릿하면서 저리고 아프죠.

찌릿

척골 신경

찌릿

악!

탁!

정강이가 부딪혔을 때 심하게 아픈 이유는 충격이 뼈에 직접 전달되기 때문

정강이가 부딪히면 굉장히 아프죠. 탄탄한 몸을 가졌다고 해도 정강이가 부딪히면 너무 아파서 눈물이 찔끔 납니다. 뼈의 표면은 '골막'으로 싸여 있는데 여기에 신경이 분포되어 있어요. 정강이에는 쿠션 역할을 하는 근육과 피하 지방이 적어서 부딪히면 그 충격이 직접 골막의 신경에 전달되어 심한 통증을 느끼게 됩니다.

팔꿈치나 복사뼈에는 근육량이 적지만 힘줄로 싸여 있고 면적도 적어서 부딪혀도 정강이만큼 통증을 느끼지는 않습니다.

이처럼 팔꿈치가 부딪혔을 때 찌릿해지는 부위를 영어로 '이상한 뼈 (funny bone)' 혹은 '미친 뼈(crazy bone)' 라고 해요!

중요한 신경이니까 저리면 아파!

팔꿈치가 부딪혔을 때 찌릿찌릿하고 전기 충격을 받은 것처럼 느끼는 것은
팔꿈치 안쪽으로 튀어나온 부분의 '상완골 내측 상과'라는 뼈에
강한 충격이 가해져서, 이 뼈 근처를 지나는 '척골 신경(자신경)'을 자극하기 때문이에요.
척골 신경은 팔 전체를 지나는 신경으로, 팔꿈치의 피부 표면 부위(척골 끝)를 통과해요.
그래서 외부 자극을 받기 쉬워서 부딪히면 팔 전체가 전기 충격을 받은 것처럼 느껴집니다.
또 무릎을 꿇고 정좌를 하면 다리가 저리는 것은 구부린 다리에 체중이 계속 실려서
다리의 혈액 순환이 제대로 되지 않기 때문이죠.
다리의 신경이 산소 부족 상태가 되면서 작동이 잘되지 않아
저림을 느끼는 겁니다.

긴장하면 화장실에 가고 싶어

긴장을 하면 몸이 바들바들 떨리면서 화장실에 가고 싶은 생각이 들죠.
화장실에 다녀온 지 얼마 지나지 않았는데 말이에요.

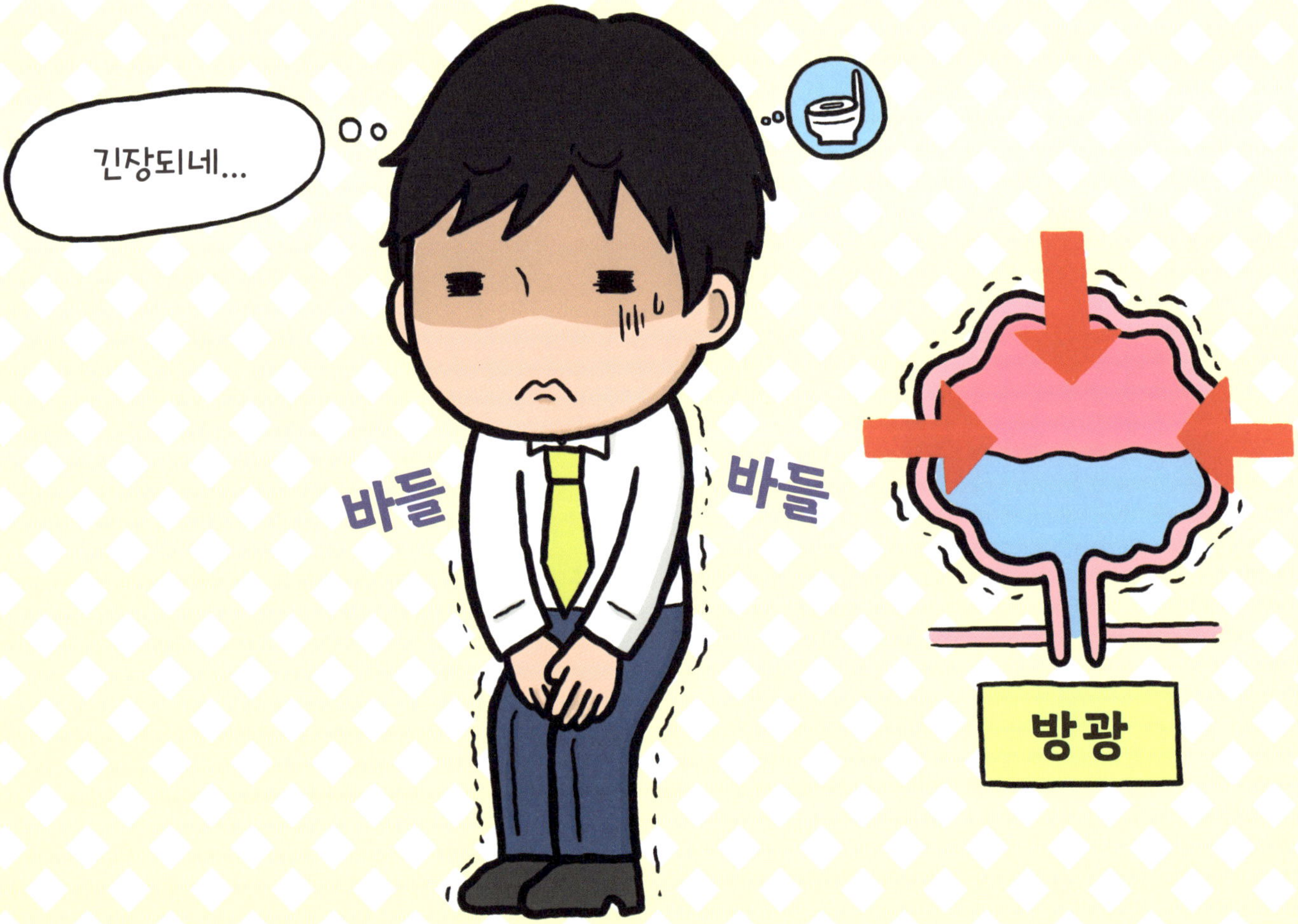

감정이나 스트레스의 영향을 받기 쉬운 방광

소변을 조절하는 것은 몸속의 환경을
일정하게 유지해 주는 자율 신경이에요.
자율 신경은 자신의 의지로는 조절할 수 없는 신경으로,
'교감 신경'과 '부교감 신경'으로 나뉘어 있어요.
교감 신경이 작동할 때는 방광 벽이 팽창하고 요도가 수축합니다.
이 상태에서는 방광에 소변이 쌓이고 마려운 느낌이 드는 거죠.
그리고 부교감 신경이 작동할 때는 방광 벽이 수축하고
요도의 긴장이 풀리면서 소변을 내보낼 준비를 합니다.
이처럼 자율 신경은 시소처럼 각 내장에 작용해서 몸 상태의 균형을 잡아 줍니다.
하지만 긴장하면 자율 신경의 균형이 깨져서 아직 소변이 그다지 고이지 않았는데도
소변이 마려운 느낌이 들어요. 그래서 화장실에 가면
소변이 조금만 나오기도 합니다.

겨울이나 추운 날씨에
화장실에 자주 가는 이유는
땀으로 나가는 수분이
줄어들면서 오줌의 양이
늘어나기 때문이에요.

긴장하면 손과 발이 부들부들 떨리는 것은 아드레날린 때문

긴장하면 손이나 발이 떨릴 때가 있어요. 또 분노로 부들부들 떨 때도 있죠. 이것은 스트레스 또는 위협이 감지될 때 방출되는 호르몬인 아드레날린 때문이에요. 아드레날린이 혈관 속으로 방출되면 결국 온몸으로 퍼져서 심장 박동수가 올라가고 경우에 따라서는 몸이 떨리기도 해요.

동물에게도 아드레날린은 중요하죠. 적이 나타나면 긴장하게 됩니다. 도망쳐야 할지, 싸워야 할지, 온 신경을 써서 판단할 필요가 있을 때 긴장하면서 순식간에 몸을 움직일 준비가 되어 있지 않으면 다른 동물에게 잡아먹히고 말죠. 그래서 아드레날린이 혈액을 타고 온몸으로 흘러가 갑작스러운 상황에도 몸을 움직여 대응할 수 있는 겁니다.

참고 문헌

구도 다카후미, 《의사도 놀란 안타까운 인체의 구조》, 청춘출판사(工藤孝文, 《医者も驚いた! ざんねんな人体のしくみ》, 青春出版社).

나라 노부오·고자키 유우, 《우리 몸 깜짝 사전1(국내도서명)》, 미래엔 아이세움, 2021(奈良信雄·こざきゆう, 《ざんねん? はんぱない! からだのなかのびっくり事典》, ポプラ社).

————, 《더욱 안타깝고 놀라운 우리 몸 깜짝 사전》, 포플러사(奈良信雄·こざきゆう, 《もっと!! ざんねん?はんぱない! からだのなかのびっくり事典》, ポプラ社).

박학고집클럽, 《누구나 기억하는 몸의 이상 반응 정체》, 가와데쇼보신샤(博学こだわり倶楽部, 《誰にも覚えがある体のおかしな反応の正体》, 河出書房新社).

신기한현상학회 기획, 《신기한 현상 사전(국내도서명)》, 주니어김영사, 2022(《ふしぎ現象》研究会, 《大人も知らない? ふしぎ現象事典》, マイクロマガジン社).

오기노 타카시, 《인체의 신비(국내도서명)》, 성안당, 2022(荻野剛志, 《図解 眠れなくなるほど面白い 人体の不思議》, 日本文芸社).

온다 가즈요, 《알아두고 싶은 몸의 불가사의》, 마루젠출판(恩田和世, 《知っておきたい カラダの不思議》, 丸善出版).

요쓰모토 유코·고자키 유우, 《안타깝고 놀라운 뇌 속의 깜짝 사전》, 포플러사(四本裕子·こざきゆう, 《ざんねん? はんぱない! 脳のなかのびっくり事典》, ポプラ社).

초등 인체 탐험 ①

1판 1쇄 인쇄 2023년 7월 31일
1판 1쇄 발행 2023년 8월 7일

편저자 사카이 다츠오
옮긴이 박유미
감수자 박경한

발행인 김기중
주간 신선영
편집 백수연, 민성원
마케팅 김신정, 김보미
경영지원 홍운선
펴낸곳 도서출판 더숲
주소 서울시 마포구 동교로 43-1 (04018)
전화 02-3141-8301
팩스 02-3141-8303
이메일 info@theforestbook.co.kr
페이스북·인스타그램 @theforestbook
출판신고 2009년 3월 30일 제2009-000062호

ISBN   979-11-92444-50-5 (74510)
        979-11-92444-52-9 (세트)

※ 이 책은 도서출판 더숲이 저작권자와의 계약에 따라 발행한 것이므로
   본사의 서면 허락 없이는 어떠한 형태나 수단으로도 이 책의 내용을 이용하지 못합니다.
※ 잘못된 책은 구입하신 곳에서 바꾸어 드립니다.
※ 책값은 뒤표지에 있습니다.